Wir lieben nähen

Wunderbare Mädchensachen zum Selbermachen

Annabel Wrigley

Stoffnachweise: Heather Bailey (S. 122-125), Birch Fabrics (S. 86-90), Amy Butler (S. 91-95, S. 117-121), Clothfabric Australien (S. 73-78), Rashida Coleman-Hale (S. 122-125), Washi – Rashida Coleman-Hale für Timeless Treasures (S. 91-95, S. 102-108), Joel Dewberry (S. 96-101, 130-135, 142-147), Alexander Henry (S. 130-135), Aneela Hoey (S. 122-125), Anna Maria Horner (S. 62-69, S. 122-125, S. 130-135), Kokka (S. 62-69), Jay McCarroll (S. 130-135), Michael Miller (S. 136-140), Premier Prints (S. 86-90, S. 117-125), Far Far Away – Heather Ross (S. 96-101, S. 102-108), Denyse Schmidt (S. 130-135)

Produktmangement und Lektorat: Angela Vornefeld

Übersetzung: Dr. Christine Schlitt

Fachlektorat: Ina Andresen

Umschlaggestaltung: Katrin Krengel

Satz: Arnold & Domnick, Leipzig

1. Auflage 2014

www.topp-kreativ.de

ISBN: 978-3-7724-5696-1

Best.-Nr. 5696

Printed in China

Herzlich Willkommen!

Du möchtest gern nähen lernen und dir selbst tolle Kleider, trendige Accessoires, praktische Taschen oder knuddelige Stofftiere gestalten? Dann bist du hier genau richtig. Nähen macht so viel Spaß! Sobald du einmal den Dreh raus hast, wirst du begeistert sein, was für wunderbare Dinge du dir selber nähen kannst.

In meinen Nähkursen bringe ich Mädchen in deinem Alter das Nähen bei. Das macht nicht nur mir jede Menge Spaß, sondern auch den Mädchen. Denn die Sachen, die wir nähen, sehen toll aus und sind einfach nachzunähen.

In diesem Buch habe ich die 28 beliebtesten Modelle aus meinen Nähkursen zusammengestellt. Meine Nähschülerinnen haben sie ausprobiert und jedes einzelne dieser Nähprojekte ist für sie zum Lieblingsstück geworden. Sicher werden sie auch dir gefallen!

Lass dich von den Modellen inspirieren und leg einfach los. Auch wenn du vielleicht noch nie an der Nähmaschine gesessen hast: Versuche es einfach. Die Modelle sind alle gut nachzumachen.

Viel Spaß beim Nähen wünscht dir

Annabel Wrigley

Inhalt

Modelle
R
U

Keins sieht aus wie deins!

Wünschst du dir auch manchmal, du könntest all die tollen T-Shirts und Röcke, Ohrringe und Ketten oder die angesagten Hüllen für Handy und MP3-Player, die dir beim Stadtbummel in deinen Lieblingsgeschäften begegnen, auch kaufen? Mit diesem Buch kannst du all die schönen Sachen haben, ohne viel Geld dafür auszugeben. Denn anstatt sie zu kaufen, machst du sie dir einfach selbst!

Das Tollste daran: Beim Selbermachen sparst du nicht nur Geld, deine Kleider, Taschen, Geldbörsen oder Ketten sind auch noch Unikate! Denn du kannst Stoffe, Farben und Muster selbst aussuchen und nach Lust und Laune kombinieren! Dieses Buch zeigt dir, wie du mit einfachen Mitteln Kleidung, Accessoires und Dekokram selber machst, deine T-Shirts und Tanktops aufpeppst oder sogar Stoffmuster designst.

Manche Modelle sind so schnell und einfach nachgemacht, dass sie sich auch prima als kleine „Zwischendurch-Geschenke" für Freundinnen eignen. Deine beste Freundin freut sich sicher über eine selbst gemachte Kette oder einen Kissenbezug mit ihrer Silhouette drauf. Vielleicht hat deine Freundin auch Lust zu nähen? Zu zweit macht es noch viel mehr Spaß, mit Stoffen, Farben und Mustern zu experimentieren und schöne Dinge zu entwerfen. Und wenn euch dann jemand fragt, wo ihr das Spitzen-T-Shirt oder den Blumenhaarreif für die Sommerparty gekauft habt, könnt ihr sagen: „Das gibt es leider nicht zu kaufen. Das haben wir selbst gemacht!"

Die Arbeit mit Nadel und Faden macht nicht nur Spaß und spart Geld, sondern entspannt auch. Was gibt es Schöneres, als an einem Sommertag in der Sonne zu liegen und schöne Dinge selbst zu machen?

Leg los!

Mit diesem Buch kannst du das Nähen ganz einfach erlernen, auch wenn du noch nie eine Nähnadel in der Hand hattest oder an einer Nähmaschine gesessen hast. Die ausführlichen und leicht verständlichen Anleitungen machen das Nachnähen kinderleicht. Und einige Kreativprojekte wie z. B. die Knopfblumenringe (Seite 52) oder die prachtvolle Filzhaarspange (Seite 55) kommen sogar ganz ohne Nähen aus.

Lies dir zuerst die Seiten über das Nähzubehör, die Nähmaschine, die verschiedenen Techniken, Stoffe und Materialien in Ruhe durch, dann kannst du mit der Arbeit an den Modellen anfangen. Bevor du mit dem Nähen beginnst, solltest du die Anleitung immer einmal ganz durchlesen, damit du alle Arbeitsschritte verstehst. Dann legst du dir dein Werkzeug und alle Materialien zurecht – und los geht's!

Die Modelle sind oft in verschiedenen Farben und Mustern gezeigt. Nimm die Stoffkombinationen als Anregung und näh dir die Modelle in deinen Lieblingsfarben und -mustern nach. Probiere aus, was dir gefällt, und entwirf deine eigenen Kreationen!

Und jetzt gib Gas und näh dir tolle Sachen!

Wie du dieses Buch benutzt

Von süßen Kuscheleulen bis zu Accessoires aus Filzblüten – in diesem Buch findest du viele tolle Ideen zum Selbermachen. Einige sind schnell umgesetzt, andere brauchen etwas mehr Übung. Ein Symbol bei jeder Anleitung verrät dir den Schwierigkeitsgrad.

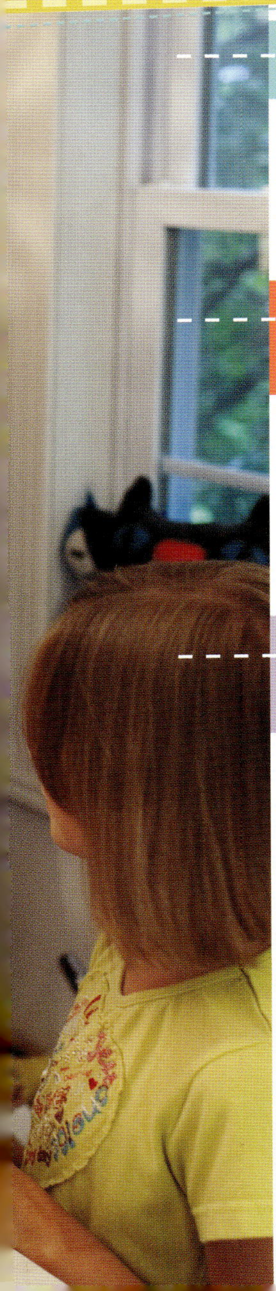

Kinderleicht

KINDERLEICHT

Diese Modelle sind perfekt, wenn du noch nicht so geübt an der Nähmaschine bist. Denn hier nähst du ganz einfach mit der Hand. Für Anfänger ideal!

Braucht etwas Übung

BRAUCHT ETWAS ÜBUNG

Für diese Modelle brauchst du ein wenig Erfahrung. Wenn du schon einige einfache Modelle an der Nähmaschine genäht hast und auch etwas Übung im Nähen von Hand hast, macht die Arbeit an diesen Projekten richtig viel Spaß!

Braucht Zeit

BRAUCHT ZEIT

Diese Modelle sind ein bisschen aufwendiger. Meist bestehen sie aus mehreren Einzelteilen, haben etwas kompliziertere Formen oder erfordern mehrere Techniken. Wenn du dich schon gut mit der Nähmaschine auskennst, dann nichts wie ran! Und wenn du mal nicht weiterkommst, bitte einfach einen Erwachsenen oder eine erfahrene Näherin um Hilfe.

Am besten beginnst du mit den einfachen Modellen und arbeitest dich zu den schwierigeren vor. So wirst du immer vertrauter mit dem Nähen und schaffst bald auch die aufwendigeren Modelle!

Bevor du anfängst

Bestimmt brennst du schon darauf, endlich anzufangen und die Modelle nachzunähen.

Bevor du anfängst, hier noch ein paar Tipps.

1 Locker bleiben

Wenn du mal nicht weiterkommst, leg einfach eine Pause ein und mach später wieder weiter. Und wenn etwas auf Anhieb nicht so gut klappt – bleib locker! Du weißt ja, es ist noch kein Meister vom Himmel gefallen.

2 Sei kreativ

Lass deiner Fantasie freien Lauf und kombiniere nach Lust und Laune unterschiedlichste Stoffe und Muster: Punkte, Streifen, Blümchen, Zickzackmuster etc. Erlaubt ist, was dir gefällt!

3 Einfach ausprobieren

Nimm dir am Anfang Zeit und probiere das Nähen von Hand zunächst auf einem Stoffrest aus. Auch für das Nähen mit der Nähmaschine empfiehlt es sich, erst einmal auf einem Stoffrest ein paar gerade Nähte oder Probesäume zu nähen.

4 Nähen im Schneckentempo

Die Arbeit an den Modellen geht am besten voran, wenn du dir genug Zeit nimmst. Wer schnell und hektisch näht, macht eher Fehler. Vor allem beim Zuschneiden des Stoffs ist es wichtig, sauber zu arbeiten.

5 Unverwechselbar wie du

Viele Nähprojekte in diesem Buch wurden in mehreren Varianten genäht. Auch du kannst natürlich jedes Modell in deinen Wunschfarben und -mustern nachnähen oder lustige Knöpfe oder Bänder ergänzen. Gestalte die Modelle ganz nach deinem Geschmack!

Das brauchst du

Zum Nähen darf natürlich auch die richtige Ausrüstung nicht fehlen. Hier findest du alles, was du brauchst.

NÄHMASCHINE UND ERSATZNADELN	Es muss keine teure Nähmaschine sein. Was sie können sollte und wie sie funktioniert, liest du auf Seite 16.
STECKNADELN	Gerade Stecknadeln, am besten mit Rundkopf
NÄHNADELN	Spitze Nähnadeln zum Nähen mit der Hand
SCHEREN	Stoff- und Papierschere
NAHTTRENNER	Wenn die Naht mal nicht perfekt geworden ist, trennst du sie mit diesem nützlichen Gerät einfach wieder auf.
NÄHGARN	Allzwecknähgarn besteht meist aus Polyester. Am nützlichsten ist Garn in Weiß oder Schwarz.
ZWIRN	Dieses Garn aus Polyester und Baumwolle ist extrastark und reißfest. Du verwendest es, um Knöpfe anzunähen oder wenn du mehrere Lagen Stoff oder Filz mit der Hand nähst.
TRICKMARKER	Mit dem Trickmarker zeichnest du Nahtlinien oder andere Markierungen auf den Stoff. Sie verschwinden später von selbst oder du wäschst sie mit etwas Wasser aus.
LINEAL	Ein durchsichtiges, 15 cm x 60 cm großes Rollschneiderlineal, das man auch fürs Quilten benutzt, ist ideal. Jedes andere Lineal tut's aber auch.
MASSBAND	Mit dem flexiblen Maßband kannst du alles messen, was nicht flach und gerade ist, z. B. deinen Hüftumfang für einen Rock.

Dein Arbeitsplatz

Um in Ruhe an der Nähmaschine arbeiten zu können, brauchst du einen schönen, gemütlichen Platz. Sehr gut eignet sich z. B. ein Esstisch. Vielleicht gibt es aber auch eine ruhige kleine Ecke in eurer Wohnung, vielleicht im Keller oder unter dem Dach, wo du deine Nähmaschine aufstellen kannst.

- Setze dich zum Nähen auf einen bequemen Stuhl mit Rückenlehne. Mit den Füßen solltest du das Pedal gut erreichen können.
- Stelle die Nähmaschine auf einen festen, flachen Untergrund, z. B. auf einen großen Tisch.
- Dein Näharbeitsplatz sollte gut beleuchtet sein. Am besten ist es, wenn das Licht von oben kommt. Eine helle Schreibtischlampe tut es aber auch. Das Licht an deiner Nähmaschine erhellt deinen Arbeitsplatz zusätzlich.
- Alles, was du brauchst, solltest du griffbereit haben. Scheren, Nadeln, Garn, Stoffreste u. Ä. kannst du gut in kleinen Körbchen aufbewahren. Oder du nähst dir die praktischen Stoffschalen von Seite 96, so findest du deine Materialien immer schnell wieder.

Alles griffbereit? Dann kann's losgehen!

Nähzubehör

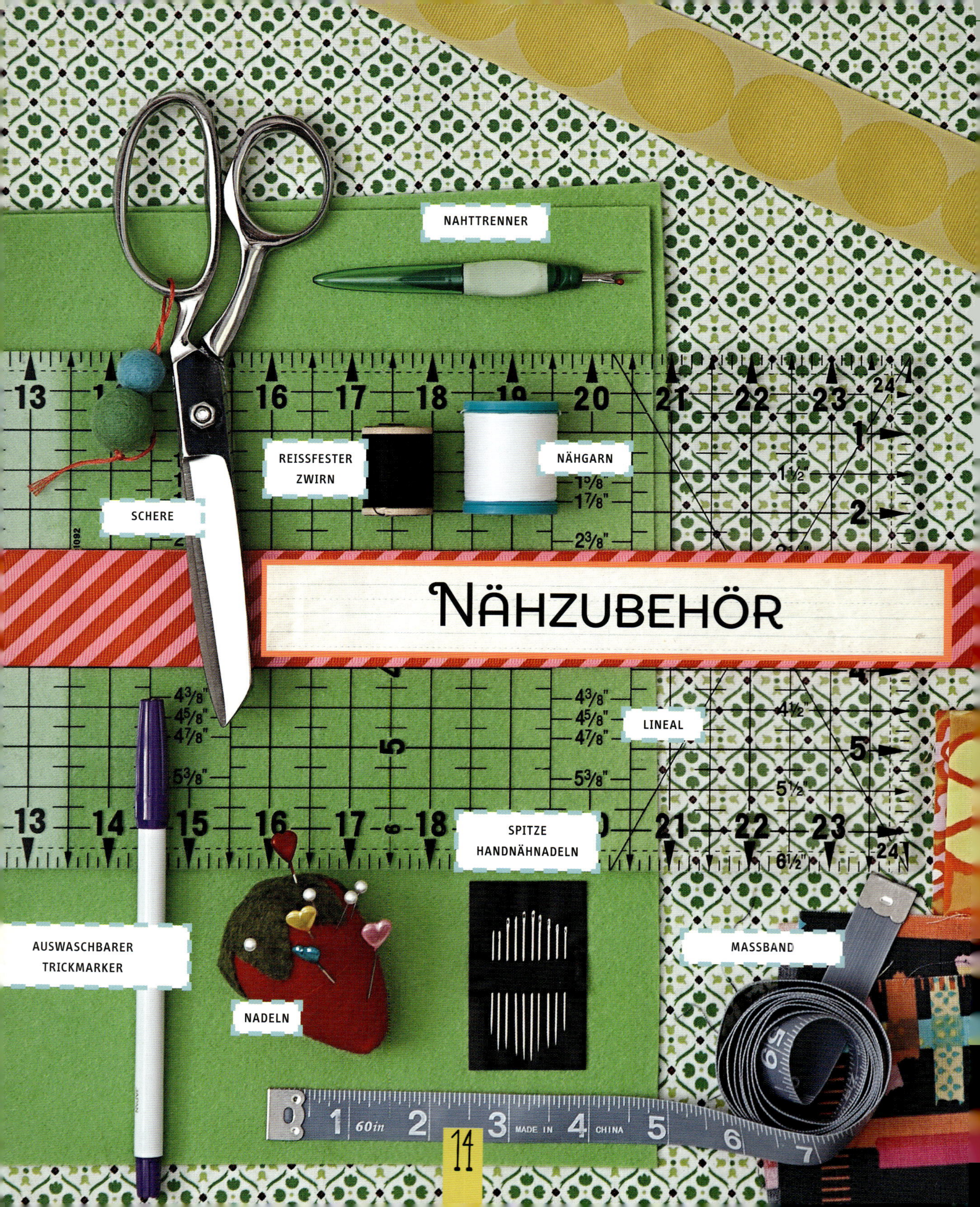
NAHTTRENNER
REISSFESTER ZWIRN
NÄHGARN
SCHERE
LINEAL
SPITZE HANDNÄHNADELN
AUSWASCHBARER TRICKMARKER
MASSBAND
NADELN

Material

Deine Nähmaschine

Nähen mit der Nähmaschine macht Spaß! Bevor du deine Maschine zum ersten Mal benutzt, liest du dir am besten die Bedienungsanleitung gut durch. Dort wird dir erklärt, wie deine Maschine funktioniert und wie du z. B. das Nähgarn einfädelst. Lass dir von einem Erwachsenen helfen, wenn du etwas nicht verstehst.

Du kannst die Bedienungsanleitung nicht mehr finden? Bei den meisten Herstellern findest du die Anleitungen auch auf der Firmen-Webseite.

NÄHGARN EINFÄDELN

An der Nähmaschine nähst du mit zwei Fäden: dem Oberfaden, der von der Garnrolle kommt, und dem Unterfaden von der Spule. Bei den meisten Nähmaschinen funktioniert das Einfädeln des Oberfadens ähnlich. In der Regel geht es in dieser Reihenfolge:

Garnrollenhalter → oberer Fadenführungshaken → Fadenspannungsscheiben → untere Fadenführungsöse → Nadel

Achte darauf, den Oberfaden korrekt einzufädeln, sonst näht die Maschine nicht richtig. Für den Unterfaden spulst du Garn von der Rolle auf die Spule, steckst die Spule in die Spulenkapsel, schiebst den Faden in den Schlitz unter das Spannungsplättchen und dann die Spulenkapsel in das Spulengehäuse.

NÄHMASCHINENNADELN

Es empfiehlt sich, immer ein Päckchen mit Ersatznadeln für die Nähmaschine griffbereit zu haben. Vor allem, wenn du viel mit Filz arbeitest, musst du die Nadel oft wechseln. Dazu öffnest du einfach die kleine Schraube, mit der die Nadel befestigt ist, tauschst die Nadel aus und ziehst die Schraube wieder fest. Achte darauf, dass die Nadel immer fest in der Halterung sitzt.

Nähen mit der Maschine macht Spaß!

DIE TEILE DER NÄHMASCHINE

Die Zeichnung zeigt eine gängige einfache Nähmaschine. Die wichtigsten Teile sind beschriftet. Wofür du sie brauchst, erklären dir die Texte. Einzelne Teile befinden sich an deiner Maschine evtl. an anderer Stelle. Schau einfach in der Bedienungsanleitung nach.

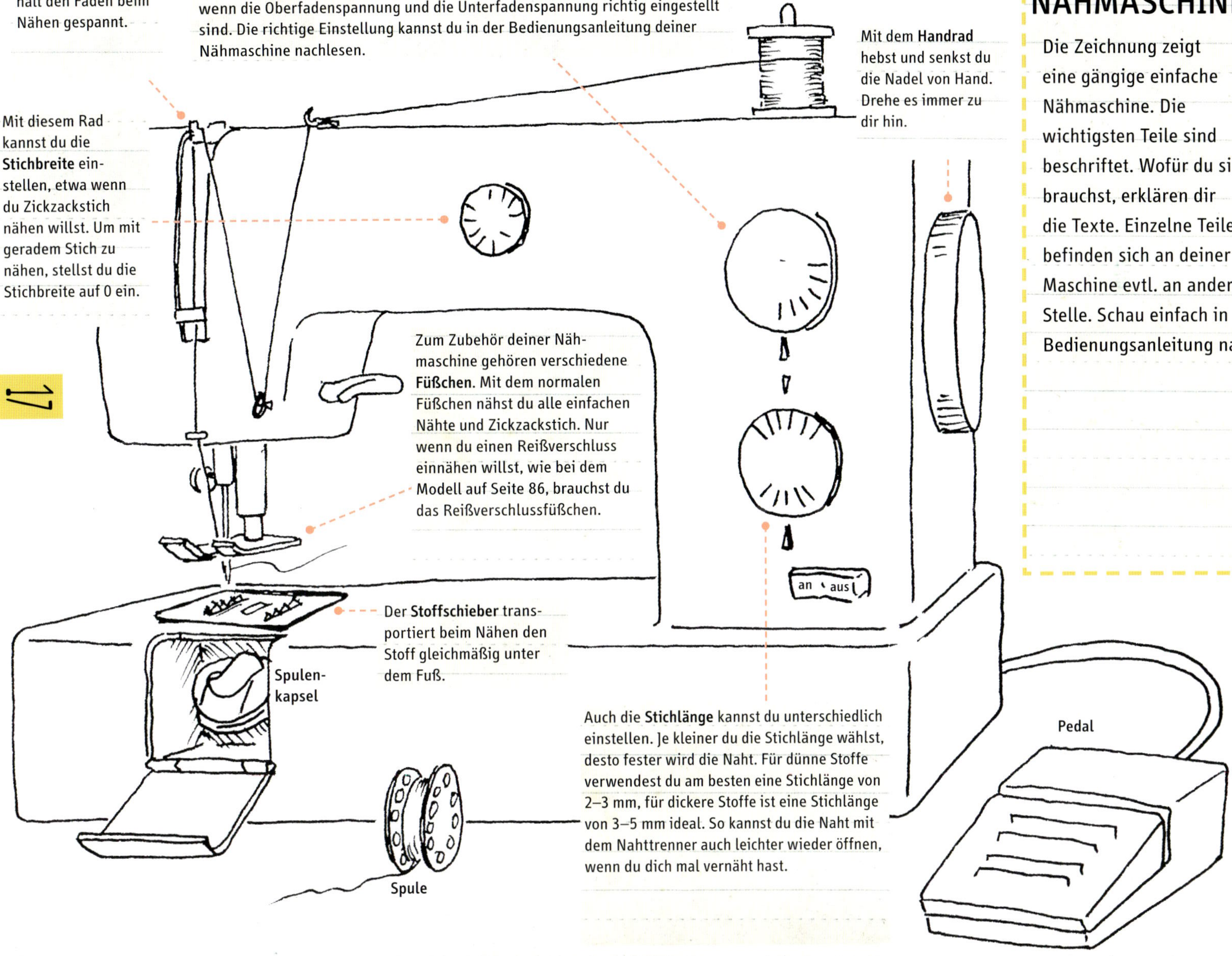

Der **Fadenhebel** hält den Faden beim Nähen gespannt.

Die Spannung des Oberfadens kannst du unterschiedlich einstellen. Je größer die **Fadenspannung**, desto fester ist der Faden beim Nähen. Ist die Naht zu locker oder bilden sich anstelle einer sauberen Naht kleine Fadennester auf dem Stoff, ist die Fadenspannung zu groß. Saubere Nähte bekommst du nur, wenn die Oberfadenspannung und die Unterfadenspannung richtig eingestellt sind. Die richtige Einstellung kannst du in der Bedienungsanleitung deiner Nähmaschine nachlesen.

Mit dem **Handrad** hebst und senkst du die Nadel von Hand. Drehe es immer zu dir hin.

Mit diesem Rad kannst du die **Stichbreite** einstellen, etwa wenn du Zickzackstich nähen willst. Um mit geradem Stich zu nähen, stellst du die Stichbreite auf 0 ein.

Zum Zubehör deiner Nähmaschine gehören verschiedene **Füßchen**. Mit dem normalen Füßchen nähst du alle einfachen Nähte und Zickzackstich. Nur wenn du einen Reißverschluss einnähen willst, wie bei dem Modell auf Seite 86, brauchst du das Reißverschlussfüßchen.

Der **Stoffschieber** transportiert beim Nähen den Stoff gleichmäßig unter dem Fuß.

Auch die **Stichlänge** kannst du unterschiedlich einstellen. Je kleiner du die Stichlänge wählst, desto fester wird die Naht. Für dünne Stoffe verwendest du am besten eine Stichlänge von 2–3 mm, für dickere Stoffe ist eine Stichlänge von 3–5 mm ideal. So kannst du die Naht mit dem Nahttrenner auch leichter wieder öffnen, wenn du dich mal vernäht hast.

Techniken

Wie du Schnittmuster verwendest

Für viele Modelle aus diesem Buch findest du im Anhang Schnittmuster. Das sind Vorlagen, die dir helfen, die einzelnen Teile eines Modells aus dem Stoff auszuschneiden.

Pause die Schnittmuster zunächst von dem Schnittmusterbogen auf Seidenpapier ab (Backpapier geht auch). Wie das geht, ist weiter unten Schritt für Schritt beschrieben. Schneide dann die Schnittmuster mit einer Papierschere aus.

Manche Schnittmuster musst du erst vergrößern. Das geht am besten mit einem Fotokopierer. Stelle dazu die Prozentangabe ein, die bei dem Schnittmuster angegeben ist (z. B. 200%).

TRICKKISTE

Klebe Muster und Seidenpapier mit Klebestreifen an eine Fensterscheibe, dann siehst du die Linien besser.

Vlieseline oder Vliesofix kannst du auch mithilfe der Schnittmuster zuschneiden.

Schnittmuster abpausen

1. Lege das Seidenpapier auf den Schnittmusterbogen. Mit einem weichen Bleistift überträgst du nun alle Linien und Markierungen auf das Papier.
2. Schneide das Muster mit einer Papierschere aus.
3. Schnittmuster auf den Stoff legen, mit Stecknadeln fixieren.
4. Umfahre das Schnittmuster mit Stoffkreide, nimm das Muster ab und schneide das Teil entlang der Kreidelinie mit der Stoffschere aus.
5. Oder du schneidest gleich das Stoffteil rund um das Schnittmuster aus und nimmst dann erst das Schnittmuster ab.

Vliesofix

Bei vielen Modellen in diesem Buch wird Vliesofix verwendet. Das ist eine Art doppelseitiges Klebevlies, das du auf den Stoff aufbügelst, um zwei Stoffstücke miteinander zu verbinden. Du kannst damit z. B. Motive aus Stoff oder Filz auf T-Shirts oder Taschen aufbügeln.

Zuerst bügelst du die raue Seite des Vliesofix auf das Bügelmotiv. Dann ziehst du das Papier vom Vliesofix ab und bügelst das Motiv auf das Modell auf. Zum Schluss kannst du die Kanten des aufgebügelten Motivs noch mit geradem Stich absteppen oder mit Zickzackstich umnähen, damit sich die Applikation nicht wieder ablöst.

Beachte beim Verarbeiten von Vliesofix immer die Herstelleranleitung.

Vliesofix gibt es in verschiedenen Ausführungen. Verwende für die Modelle in diesem Buch transparentes Vliesofix.

ACHTUNG KLEBRIG!

Wenn du häufig mit Vliesofix nähst, kann es passieren, dass Teile der Klebeschicht an der Maschinennadel hängenbleiben. Entferne die Klebereste immer erst, bevor du weiternähst.

Vliesofix aufbügeln

Stelle an deinem Bügeleisen immer den Dampf aus, wenn du Vliesofix aufbügelst.

1. Zeichne oder übertrage das Motiv auf die Papierseite des Vliesofix.
2. Lege die raue Seite des Vliesofix auf die Rückseite von Stoff oder Filz und bügle darüber. Nach dem Abkühlen kannst du das Teil ausschneiden.

3. Ziehe das Trägerpapier des Vliesofix ab und lege das Motiv mit der beschichteten Seite nach unten auf den Stoff. Jetzt kannst du das Motiv vorsichtig aufbügeln. Danach gut abkühlen lassen.

Mit der Hand nähen

Obwohl du mit deiner Nähmaschine eine Menge machen kannst, brauchst du für manche Arbeiten eher die Handnähnadel, beispielsweise wenn du Knöpfe annähen oder Wendeöffnungen verschließen möchtest.

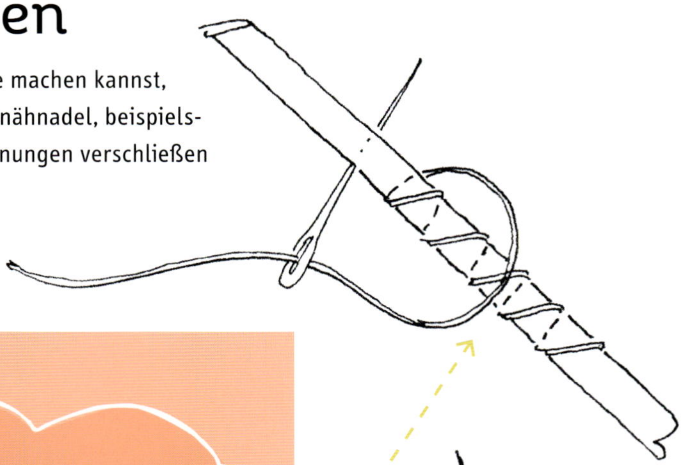

Stiche

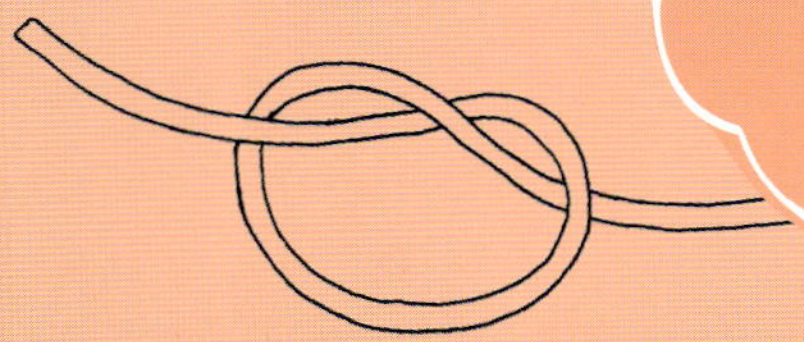

Nähe nicht mit zu langen Fäden, sie verknoten sehr leicht.

Der **Heftstich** gehört zu den Basis-Handstichen. Fädle das Garn in die Nähnadel und verknote das längere Ende mehrmals. Stich auf der Stoffrückseite ein und ziehe den Faden durch. Jetzt stichst du etwa im Abstand von 0,5 cm auf der Stoffvorderseite in den Stoff und ziehst den Faden nach hinten durch. Dann stichst du 0,5 cm weiter wieder von hinten in den Stoff usw. Der Heftstich ist besonders gut für Filz geeignet.

Mit dem **Überwendlingsstich** verschließt du Wendeöffnungen. Fädle das Garn in die Nadel und verknote das längere Ende. Lege die Nahtzugaben der Öffnung aufeinander und stich auf einer Seite mit der Nadel ein. Ziehe den Faden durch und stich erneut dicht neben der ersten Einstichstelle ein. Achte darauf, dass du immer an derselben Seite einstichst. Nähe so lange, bis die Öffnung geschlossen ist.

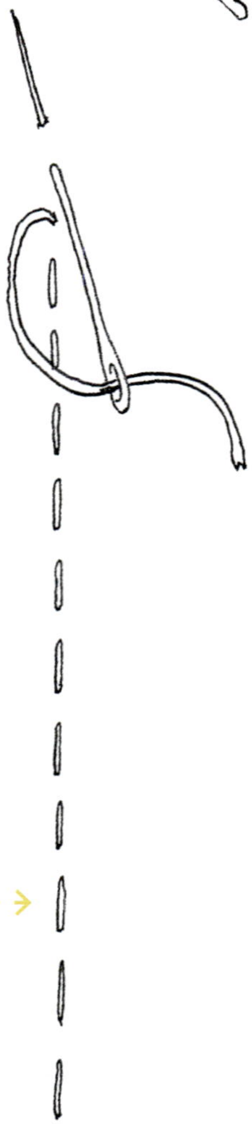

Knöpfe annähen

So nähst du einen Zweilochknopf an

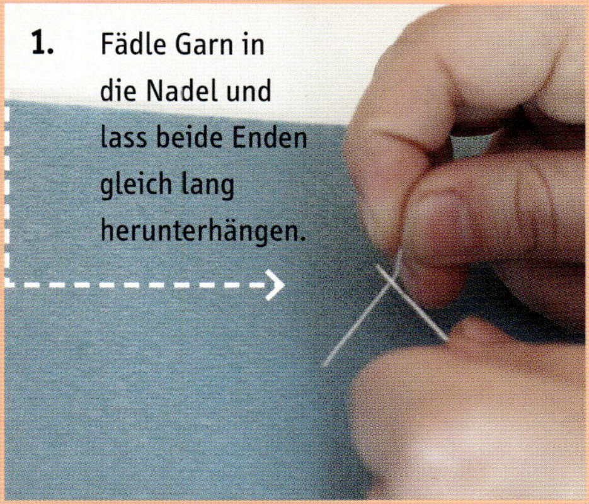

1. Fädle Garn in die Nadel und lass beide Enden gleich lang herunterhängen.

Dein Knopf hat vier Löcher? Stich jeweils in die Löcher, die sich diagonal gegenüberliegen, so ergibt sich ein Fadenkreuz. Du kannst auch jeweils in das Loch direkt gegenüber stechen, dann verlaufen die Fäden parallel.

Knöpfe eignen sich wunderbar zum Verzieren deiner selbstgenähten Werke! Es gibt sie in allen möglichen Farben und Formen. Wie wäre es z. B. mit bunten Blumen oder roten Herzchen? Schau einfach, was dir gefällt!

2. Verknote den langen Faden ca. 10 cm vom Ende entfernt.

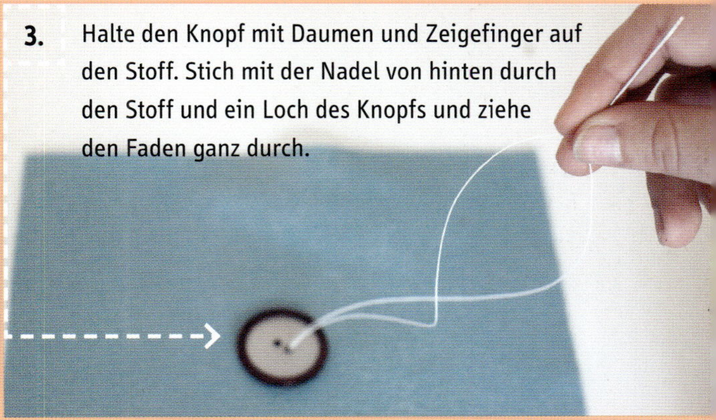

3. Halte den Knopf mit Daumen und Zeigefinger auf den Stoff. Stich mit der Nadel von hinten durch den Stoff und ein Loch des Knopfs und ziehe den Faden ganz durch.

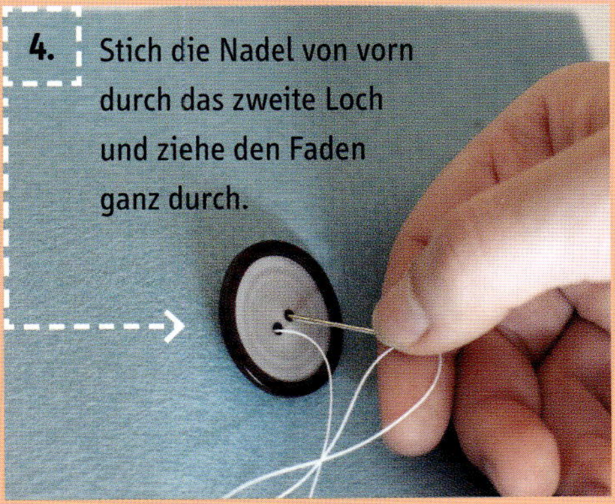

4. Stich die Nadel von vorn durch das zweite Loch und ziehe den Faden ganz durch.

5. Wiederhole die Schritte 3 und 4 etwa zwei- oder dreimal, bis der Knopf fest ist.

6. Stich von hinten durch den Stoff, aber nicht durch das Loch des Knopfs.

7. Wickle den Faden nah am Stoff mehrere Male unter dem Knopf herum.

8. Stich mit der Nadel wieder auf die Rückseite des Stoffs. Verknote die Fadenenden und schneide sie ab.

Heiße Geräte

VORSICHT, HEISS!

Bügeleisen oder Heißklebepistole können ganz schön heiß werden. Lass dir daher beim Bügeln oder beim Gebrauch der Klebepistole besser von einem Erwachsenen helfen.

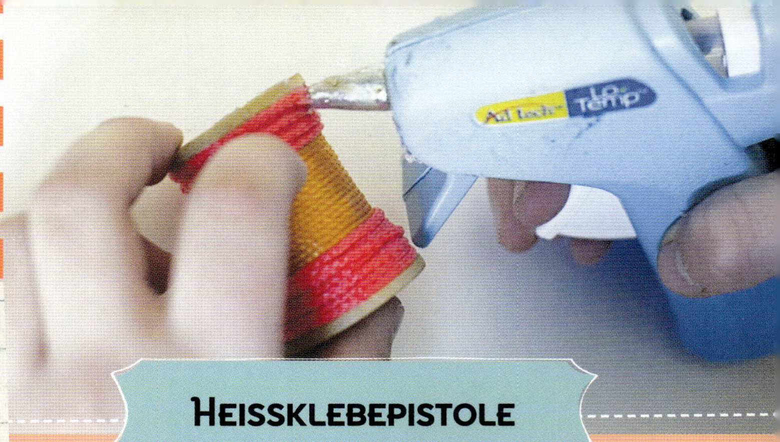

Heissklebepistole

Für einige Modelle in diesem Buch brauchst du eine Heißklebepistole. Du kannst damit z. B. Filzteile oder Pompons auf den Stoff aufkleben. Im Inneren der Klebepistole befindet sich ein Schmelzklebstoff, der erhitzt wird, schmilzt und dann vorn aus der Düse herausgedrückt wird. An der Luft wird der Kleber sehr schnell fest, daher solltest du immer alle Teile griffbereit haben, bevor du mit der Heißklebepistole arbeitest.

Bügeln

Das Bügeleisen ist ein großartiges Hilfsmittel beim Nähen. Du kannst damit nicht nur Vliesofix und Bügelmotive leicht auf dem Stoff anbringen. Auch Säume und andere Kanten lassen sich leichter nähen, wenn sie vorher gebügelt wurden.

Damit dein Stoff oder die Nähte schön glatt werden, kommt häufig das Bügeleisen zum Einsatz.
Hier ein paar Tipps:

- Berühre nie die heiße Unterseite des Bügeleisens!
- Achte darauf, dass du die richtige Temperatur am Bügeleisen einstellst. Wolle und Stoffe, die Polyester oder andere Kunstfasern enthalten, dürfen nicht so heiß gebügelt werden. Bei Baumwolle oder Leinen kann die Temperatur höher sein.
- Lass das Bügeleisen nie mit der heißen Bügelsohle nach unten auf dem Bügelbrett stehen.
- Schalte das Bügeleisen nach dem Gebrauch immer aus.

Nähsprache

In den Nähanleitungen in diesem Buch werden auch einige Fachbegriffe verwendet. Was sich hinter ihnen verbirgt, erfährst du hier.

Mit dem **RÜCKSTICH** sicherst du eine Naht, damit sie nach dem Nähen nicht wieder aufgeht. Wenn du am Ende einer Naht angekommen bist, lässt du die Nadel im Stoff stecken, drückst den entsprechenden Hebel oder Knopf an deiner Nähmaschine und nähst drei Stiche rückwärts.

FÜSSCHENBREIT NÄHEN bedeutet, dass die rechte Kante des Füßchens beim Nähen an der Kante des Stoffes entlanggeführt wird. So bekommst du eine Naht mit etwa 1 cm Nahtzugabe. Die Nahtzugabe ist der Abstand zwischen der Naht und dem Stoffrand. Sie sorgt dafür, dass die Naht nicht so leicht wieder aufgeht.

Achte darauf, dass die **FADENENDEN** von Ober- und Unterfaden immer lang genug sind. Sind sie zu kurz, kann es passieren, dass der Faden aus der Nadel oder der Spule herausrutscht und du ohne Faden nähst.

Beim Nähen liegen in der Regel die rechten Seiten des Stoffs aufeinander. Profinäher nennen das „**RECHTS AUF RECHTS**“. Die rechte Seite ist die schöne Seite. Bei gemusterten Stoffen ist die Seite mit dem Muster die rechte.

NAHT nennt man die fertig genähte Linie, die zwei Stoffteile miteinander verbindet.

Die **NAHTZUGABE** ist der Abstand zwischen der Naht und dem Stoffrand. Du brauchst sie, damit die Naht nicht wieder aufgeht. Für die meisten Modelle in diesem Buch beträgt die Nahtzugabe 1 cm (in den Stoffmaßen und Schnitten schon eingerechnet). Diesen Abstand bekommst du automatisch, wenn du deine Naht füßchenbreit nähst. Du kannst dir aber auch vor dem Nähen die Nahtlinie mit 1 cm Abstand vom Stoffrand einzeichnen.

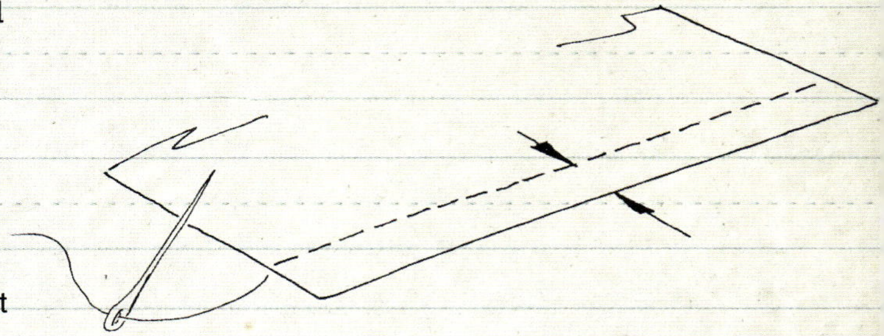

Bei Taschen, Kissenbezügen oder ähnlichen Modellen musst du **ECKEN NÄHEN**. Das bedeutet, dass du den Stoff drehen und neu ausrichten musst. Dazu lässt du, wenn du an der Ecke angekommen bist, etwa 1 cm vor dem Ende des Stoffs deine Nadel im Stoff stecken. So kann der Stoff nicht verrutschen, wenn du ihn neu ausrichtest. Hebe das Füßchen an und drehe den Stoff so, dass du die Naht in die andere Richtung fortsetzen kannst. Senke das Füßchen wieder und nähe weiter.

KNAPPKANTIG nähst du etwa Wendeöffnungen zu oder wenn die Kanten eines Modell besonders sauber und ordentlich werden sollen. Dabei nähst du so knapp wie möglich an der Stoffkante entlang. Du kannst dir die Nahtlinie vor dem Nähen mit einem Stoffmarker kennzeichnen.

Stoff-Geschichten

Das Schönste am Nähen ist der Stoff! Material, Farben und Muster der Stoffe, die du wählst, machen deine selbst genähten Werke einzigartig und unverwechselbar. Kombiniere die Stoffe für deine Modelle ganz nach deinem Geschmack und deinen Vorlieben. Streifen und Punkte, Blümchen und Karos? Probier's aus!

Baumwolle

Für die meisten Modelle wurden Baumwollstoffe verwendet, da sie leicht zu verarbeiten und in unendlich vielen Farben und Mustern erhältlich sind. Auch Dekostoffe aus Baumwolle sind toll. Sie sind etwas fester und werden oft für Vorhänge oder zum Beziehen von Möbeln verwendet. Sie eignen sich aber auch bestens für Buchhüllen (Seite 91) oder Kissenbezüge (Seite 117).

Filz

Filz ist ein tolles Material zum Nähen und Basteln. Er ist robust und die Kanten fransen nicht aus, du musst sie also nicht versäubern. Filz eignet sich daher besonders für Modelle in ungewöhnlichen Formen wie z. B. Stofftiere. Der weichste, aber auch teuerste Filz ist aus reiner Wolle. Es gibt aber auch Filz aus Kunst- und Mischfasern und sogar Filz, der aus recycelten Plastikflaschen hergestellt wurde.

Aus alt mach neu

Du brauchst nicht immer nagelneue Stoffe, um schöne Sachen zu nähen. Auch aus alten, aussortierten Kleidungsstücken lassen sich wunderbare Dinge zaubern. Vielleicht habt ihr zu Hause im Kleiderschrank ein paar T-Shirts, Pullis oder Hemden, die keiner mehr anzieht? Hemden aus weichem Flanell, Kleider aus hübschem Blümchenstoff oder alte Wollpullis kannst du prima wiederverwerten. Frag aber immer erst deine Eltern, bevor du ein Kleidungsstück zerschneidest! Auch auf Flohmärkten oder in Secondhandläden kannst du Stoffschätze ergattern.

WOLLPULLI – RECYCELT

Alte Wollpullis sind ideal, um daraus selbst Filz herzustellen. Einige Modelle in diesem Buch, wie z. B. Hedwig und Kurt (Seite 153) sind aus selbstgemachtem Filz gearbeitet. Wie du Wollpullis filzt, erfährst du auf Seite 26.

Filz aus alten Wollpullis

Verwende zum Filzen Pullis aus reiner Wolle. Pullis, die einen Anteil an Kunstfasern oder Baumwolle haben, sind in der Regel zum Filzen nicht geeignet. Ob ein Pulli aus „100 % Wolle" ist, prüfst du anhand des Etiketts im Pulli, auf dem in der Regel die Pflegehinweise stehen. Auch wenn dort „Handwäsche" steht, kannst du den Pulli nehmen. Aber Achtung, auch für Wollpullis gilt: erst Eltern fragen, dann losfilzen!

1. Wasche den Pulli bei 60 °C in der Waschmaschine. Verwende dazu normales Waschmittel. Danach trocknest du den Pulli, wenn möglich im Trockner.

2. Nimm den Pulli aus dem Trockner. Bestimmt ist er schon ziemlich eingelaufen. Wenn die einzelnen gestrickten Maschen kaum mehr erkennbar sind, ist er ausreichend verfilzt. Wenn nicht, wasche und trockne ihn noch einmal wie in Schritt 1 beschrieben. Sonst kann es passieren, dass sich die Maschen später aufziehen.

3. Schneide den Pulli entlang der Nähte in einzelne Teile. So bekommst du große Stücke, die du später gut verarbeiten kannst. Schneide auch die Bündchen ab. Du kannst sie z. B. für die Mützen von Hedwig und Kurt verwenden (Seite 153).

4. Die einzelnen Filzstücke kannst du nun wie normalen Stoff verarbeiten.

Kleider, Hemden & Co.

Stoffe von alten Kleidern, Hemden oder Röcken kannst du auch super zum Nähen verwenden. Wenn du ein schönes altes Kleidungsstück im Schrank deiner Eltern findest, frage unbedingt immer erst, ob du es vernähen darfst! Wenn du Klamotten auf dem Flohmarkt oder im Secondhandladen kaufst, wasche sie immer zuerst. Achte auch darauf, dass die Kleidungsstücke keine Flecken haben oder riechen. Am besten eignen sich Kleidungsstücke aus Baumwolle zum Weiterverarbeiten.

Schneide die Kleider entlang der Nähte auseinander. Hebe auch die Manschetten auf! Daraus lassen sich coole Armbänder machen. Auch die Knöpfe kannst du abtrennen und wiederverwerten.

Accessoires

Blüten-haarreif

Du brauchst

- Filz in Gelb, 10 cm x 50 cm
- Filz in Hellgrün, 13 cm x 13 cm
- 3 Kunststoffperlen in Orange, ø ca. 3 mm
- Haarreif
- Heißklebepistole
- Nähzubehör (Seite 12 und 14)

Techniken

- Schnittmuster verwenden (Seite 18)
- Nähen mit der Hand (Seite 20)
- Heißklebepistole verwenden (Seite 22)

Vorbereitung

Schnittmuster Seite 166

1. Schneide aus gelbem Filz einen 10 cm x 45 cm großen Streifen.
2. Pause die Schnittmuster ab und schneide sie mit einer Papierschere aus.
3. Schneide mithilfe der Schnittmuster einen Kreis aus gelbem Filz und zwei Blätter aus grünem Filz aus.

Und so geht's

Falte den gelben Filzstreifen der Länge nach und fixiere die Stofflagen mit Stecknadeln.

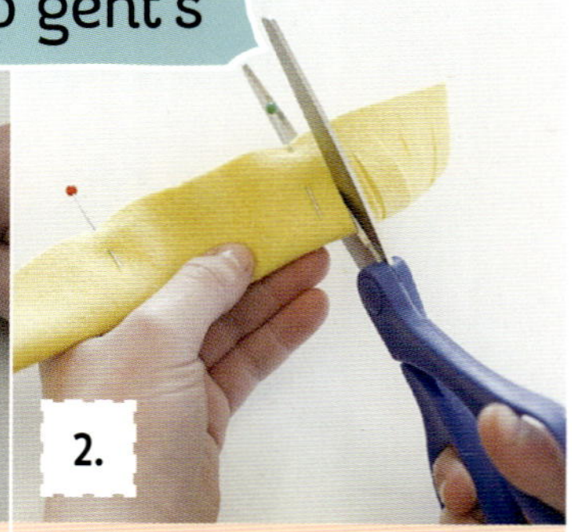

Schneide mit der Stoffschere die Bruchkante im Abstand von ca. 5 mm ein. Achte darauf, dass du den Filz nur bis 1 cm von den gegenüberliegenden Kanten einschneidest.

Lust auf andere Farben? Die Filzblüte sieht in nahezu allen Farben toll aus. Vielleicht machst du dir gleich mehrere, passend zu deinen T-Shirts?

3.

Entferne die Stecknadeln und rolle den Filzstreifen wie auf dem Foto zu sehen fest zusammen. Stecke in das Ende eine Nadel, um es zu fixieren.

4.

Fädle Zwirn in eine lange Nähnadel und verknote die Enden. Stich von unten in die Mitte der Filzblüte ein und führe die Nadel durch alle Filzlagen nach außen. Stich wieder in der Mitte ein und lass die Nadel etwa 0,5 cm neben der ersten Ausstichstelle herauskommen. Stich erneut in der Mitte ein und arbeite dich auf diese Weise sternförmig einmal rund um die Blütenbasis. Zieh das Garn nach jedem Stich fest.

FESTGEKLEBT!

Du kannst die Filzblüte auch mit Heißkleber zusammenkleben, wenn du nicht nähen möchtest.

5.

Verknote die Garnenden.

6.

Lockere die Blütenschlaufen mit den Fingern schön fluffig auf.

7.

Gib einen Tropfen Heißkleber in die Mitte der Blüte.

8.

Klebe die drei Perlen auf dem Klebertropfen fest.

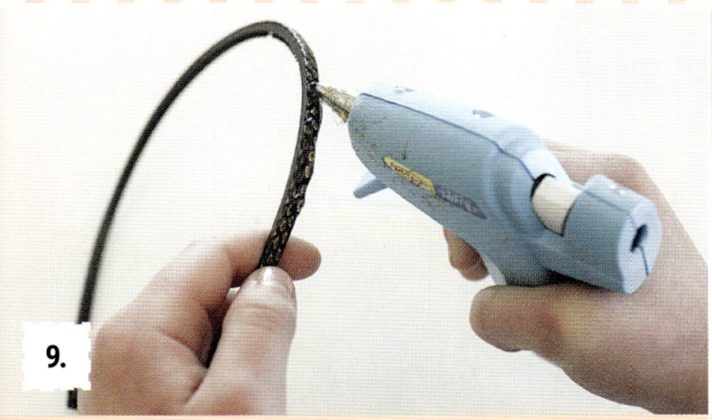

9.

Trage Heißkleber an der Stelle auf dem Haarreif auf, wo die Blüte sitzen soll. Seitlich sieht sie am schönsten aus. Der Kleberstreifen sollte ungefähr so lang wie ein grünes Filzblatt sein.

10.

Klebe die beiden grünen Filzblätter auf.

11.

Gib auf die Blütenunterseite und auf den Filzkreis je einen großen Klebertropfen.

12.

Klebe die Blüte auf die Blätter und den Filzkreis von unten dagegen und presse alles fest zusammen, bis der Kleber getrocknet ist. Fertig ist dein Blütenhaarreif!

Gute-Laune-Ringe

Du brauchst

Für einen Ring:

- Filz in deiner Lieblingsfarbe, 8 cm x 21 cm
- Filzrest in Hellgrün (für den Gänseblümchenring)
- 4 Kunststoffperlen, ø ca. 3 mm
- Ringrohling
- Heißklebepistole
- Klebestift
- Nähzubehör (Seite 12 und 14)

Techniken

- Schnittmuster verwenden (Seite 18)
- Nähen mit der Hand (Seite 20)
- Heißklebepistole verwenden (Seite 22)

CHRYSANTHEMENRING

Schnittmuster Seite 165

Vorbereitung

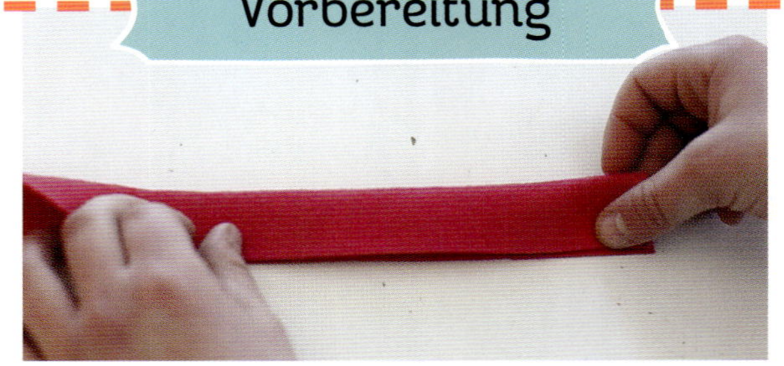

1. Schneide aus dem Filz in deiner Lieblingsfarbe ein 5 cm x 13 cm großes Stück aus.
2. Falte es der Länge nach und fixiere die Lagen mit Nadeln.

Und so geht's

1. Schneide mit der Stoffschere die Bruchkante des Filzes im Abstand von ca. 3–4 mm und bis auf ca. 1 cm vor den gegenüberliegenden Kanten ein.

Mit diesen Ringen zauberst du dir den Frühling an deine Finger. Du kannst dich nicht entscheiden, welche Blüte dir besser gefällt? Bastle doch einfach beide ...

2.

Entferne die Stecknadeln und rolle den Filzstreifen fest zusammen. Fixiere das Ende mit einer Stecknadel.

3.

Fädle Zwirn in eine Nähnadel und verknote die Enden. Stich in das außen liegende Streifenende ein und führe die Nadel durch alle Filzlagen zur Mitte. Stich anschließend etwas neben der ersten Einstichstelle wieder vom Rand zur Mitte der Filzblüte. Arbeite dich auf diese Weise sternförmig einmal rund um die Blütenbasis. Zieh das Garn nach jedem Stich fest. Zum Schluss die Fadenenden verknoten.

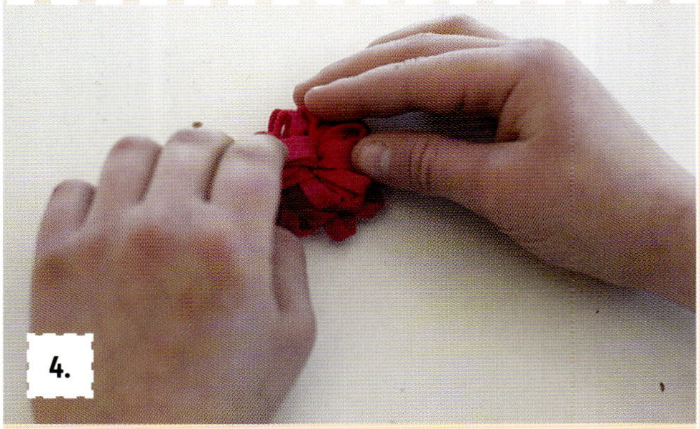

4.

Zupfe die Blütenblätter etwas auseinander.

5.

Gib einen Tropfen Heißkleber auf den Ringrohling. Drück die Blüte fest darauf, bis der Kleber trocken ist.

6.

Gib einen Tropfen Heißkleber in die Mitte der Blüte und klebe die Perlen fest.

Vorbereitung

GÄNSEBLÜMCHENRING

Schnittmuster Seite 165

1. Schneide mithilfe des Schnittmusters ein Blatt aus dem grünen Filz.
2. Schneide einen 2,5 cm x 21 cm großen Streifen aus dem Filz in deiner Lieblingsfarbe.

Und so geht's

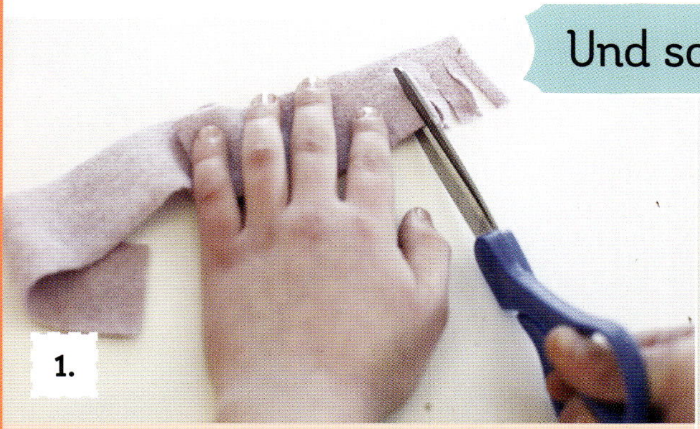

1. Schneide den Filzstreifen an einer Längskante mehrfach ein, sodass schmale Streifen entstehen.

2. Rolle den Streifen wie auf dem Foto zu sehen auf und fixiere das Ende mit einer Stecknadel.

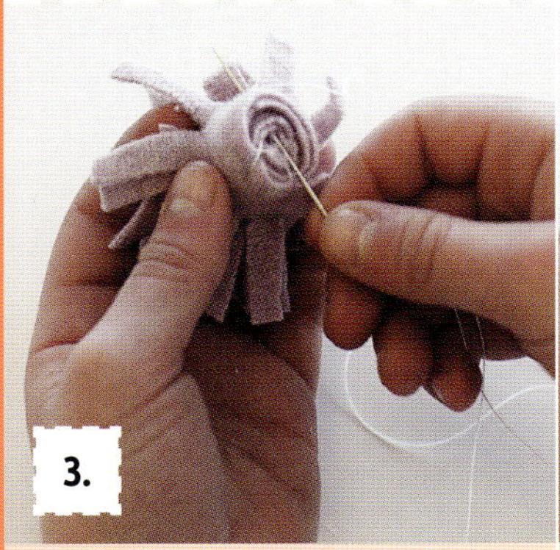

3. Fädle Zwirn in eine Nadel und verknote die Enden. Stich in das Streifenende ein und nähe sternförmig, immer von außen zur Blütenmitte, die Filzlagen zusammen. Zieh das Garn nach jedem Stich fest. Zum Schluss die Fadenenden verknoten.

4. Gib Heißkleber auf den Ringrohling und klebe das Blatt darauf.

5. Gib einen großen Tropfen Heißkleber auf die Blütenbasis und klebe die Blüte auf dem Ring fest.

6. Gib einen Tropfen Heißkleber in die Mitte der Blüte und klebe die Perlen fest.

Spulenkette

Du brauchst

- 5 leere Garnspulen aus Holz in verschiedenen Größen
- Wollreste in verschiedenen Farben
- Stickgarnreste in verschiedenen Farben
- Perlen, ø 4–5 mm (durch die Löcher sollte jeweils eine Sticknadel passen)
- Wollfaden, Kordel oder Lederband, ca. 1 m lang
- Heißklebepistole
- Sticknadel
- Nähzubehör (Seite 12 und 14)

Technik

- Heißklebepistole verwenden (Seite 22)

Und so geht's

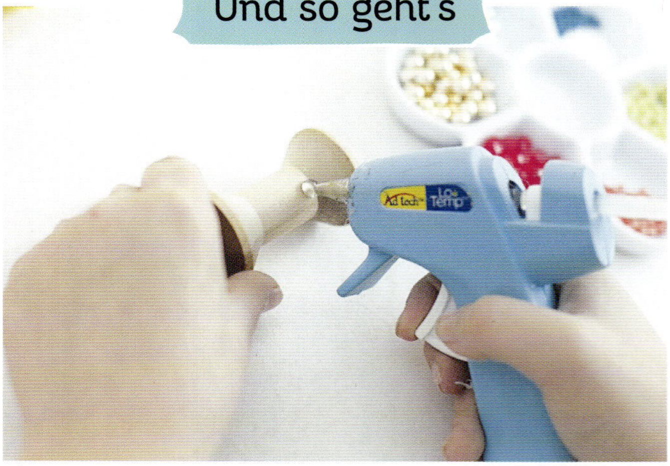

1.

Bringe etwas Heißkleber auf die Garnspule auf. Klebe das Ende eines Wollfadens darauf und wickle den Faden fest um die Spule.

Hättest du gedacht, dass sich aus alten Garnspulen so wundervolle Ketten zaubern lassen? Auch eine einzelne Spule macht sich gut als Kette. Oder du fädelst eine ganze Spulenkette auf!

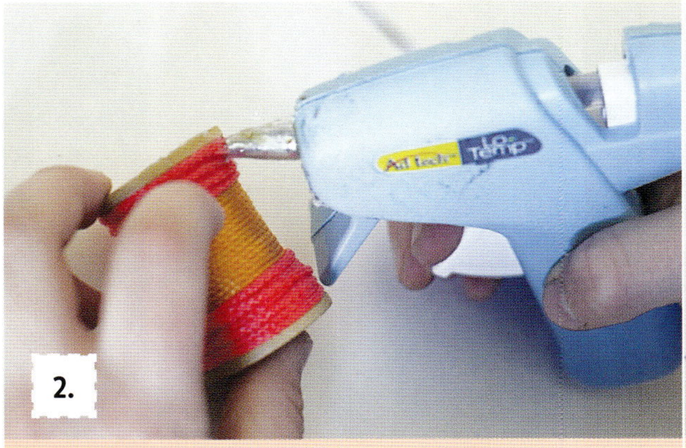

2.

Wenn die Spule voll ist, schneidest du den Faden ab und klebst das Ende fest.

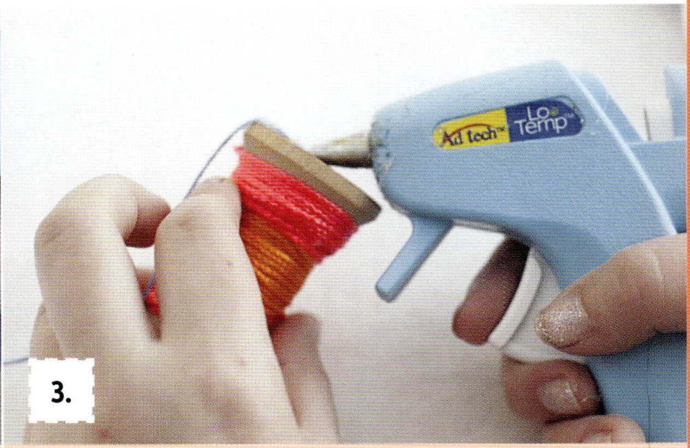

3.

Gib etwas Klebstoff in das Loch der Spule und klebe den Stickgarnfaden fest.

4.

Schneide einen Stickgarnfaden etwa 1 m lang ab und fädle ihn auf die Sticknadel. Stich etwa zwölfmal immer in dieselbe Richtung durch das Garnspulenloch.

5.

Ordne das Stickgarn in gleichmäßigen Abständen rund um die Spule an, schneide den Faden ab und klebe das Ende im Spulenloch fest.

Du kannst zwischendrin auch einige Perlen auf das Stickgarn auffädeln und die Garnspule damit zusätzlich verzieren.

Die Garnspulen kannst du mit Wolle und Stickgarn in all deinen Lieblingsfarben umwickeln. Die fertigen Spulen fädelst du auf einen 1 m langen Wollfaden (Kordel oder Lederband). Miss ab, wie lang die Kette sein soll, und verknote die Enden. Fertig!

BRAUCHT ETWAS ÜBUNG

Sommer-kette

Größe: ca. 1,20 m lang

Du brauchst

- dünnen Baumwollstoff in Pink, 140 cm breit, 50 cm
- oder: dünnen Baumwollstoff in Pink, 140 cm breit, 25 cm, und in Pink gemustert (für die Blüten), 140 cm breit, 25 cm
- 15–20 Kunststoffperlen, ø ca. 1,5–2 cm
- Schaschlikspieß oder Stricknadel
- Nähmaschine
- Nähzubehör (Seite 12 und 14)

Techniken

- Schnittmuster verwenden (Seite 18)
- Nähen mit der Hand (Seite 20)
- Bügeln (Seite 22)
- Ecken nähen (Seite 23)

Vorbereitung

Schnittmuster Seite 166

1. Überlege, wie viele Blumen du an deiner Kette haben möchtest. Jede Blume wird aus vier bis sechs einzelnen Blüten gearbeitet. Hier wurden für jede Kette zwei Blumen aus je sechs Blüten gemacht.

2. Schneide mithilfe des Schnittmusters die Blüten (für zwei Blumen ca. zehn bis zwölf) aus.

3. Schneide zwei je 7,5 cm breite und 76 cm lange Stoffstreifen zu.

Die Blumenkette ist ein tolles Accessoire für deine nächste Sommerparty. Besonders schön sieht es aus, wenn du mehrere Ketten in verschiedenen Farben und Längen trägst.

Und so geht's

1.

Falte die Blüte in der Mitte und bügle den Knick. Falte sie erneut hälftig und bügle sie nochmals. Wiederhole diesen Schritt bei allen Blüten.

2.

Nähe die beiden Stoffstreifen an einem schmalen Ende rechts auf rechts zusammen.

3.

Falte den langen Streifen rechts auf rechts der Länge nach mittig und bügle die Kante. Fixiere die Stofflagen mit Stecknadeln.

4.

Nähe die Stofflagen an der offenen Kante füßchenbreit mit geradem Stich zusammen.

Für besonders lange Ketten wie die weiße kannst du zwei Stroffstreifen an den schmalen Enden rechts auf rechts zusammennähen.

5.

Wenn du am Ende der Längsseite des Streifens angekommen bist, nähst du eine der schmalen Seiten zu und sicherst die Naht mit Rückstichen.

6.

Wende den Schlauch. Schiebe dafür das zusammengenähte schmale Ende mit einem Schaschlikspieß oder einer Stricknadel vorsichtig innen durch den Schlauch. Raffe den Stoff über den Spieß oder die Nadel, bis das Ende aus der Schlauchöffnung herausschaut.

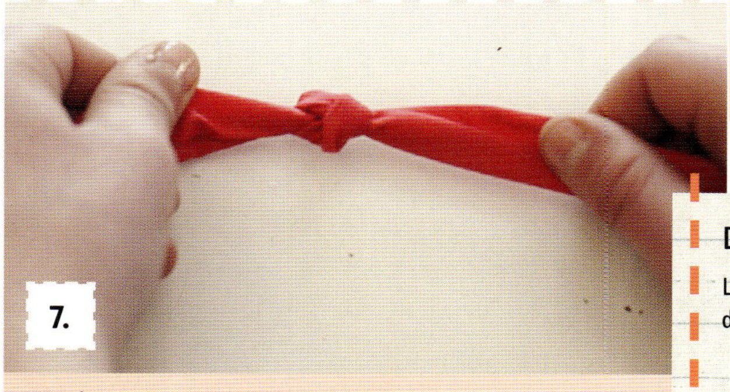

7.

Mache ca. 25 cm vom geschlossenen Schlauchende entfernt einen Knoten.

DIE RICHTIGE LÄNGE?

Lass an jedem Ende ca. 25 cm Stoff frei. So kannst du die Länge der Kette später perfekt anpassen.

8.

Stecke eine Perle in den Schlauch und schiebe sie bis zum Knoten. Mache neben der Perle einen Knoten. Schiebe eine zweite Perle hinein und mache wieder einen Knoten.

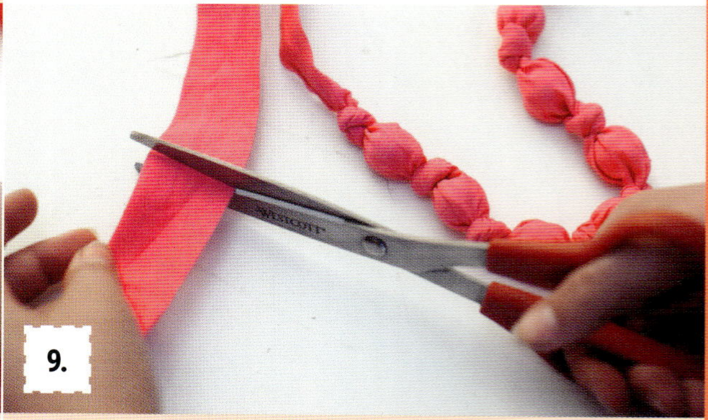

9.

Wiederhole Schritt 8, bis die Kette die passende Länge hat. Verknote das Ende und schneide ca. 26 cm davon entfernt den Schlauch ab.

10.

Schlage den Stoff am offenen Schlauchende ca. 1 cm nach innen und nähe die Öffnung knappkantig zu.

11.

Fädle Garn in eine Nähnadel. Lege sechs gefaltete Blüten mit den gefalteten Ecken aufeinander.

12.

Stich die Nadel durch die Ecken der sechs Blüten und anschließend durch einen Knoten zwischen zwei Perlen. Wiederhole das Ganze, damit die Blume schön fest sitzt.

13.

Schneide den Faden ab und verknote die Enden.

14.

Nähe die zweite Blume mit etwas Abstand genauso an. Vielleicht möchtest du ja noch weitere Blumen an deine Kette anbringen? Achte immer darauf, die Fadenenden fest zu verknoten.

Noch sommerlicher wird deine Kette, wenn du kleine Schmetterlinge, lustige Marienkäfer oder Blütenknöpfe in verschiedenen Farben annähst. Oder du nähst einfach verschiedenfarbige Blumen an deine Kette.

BRAUCHT ETWAS ÜBUNG

Blumen-Kanzashi

Größe: ø ca. 9 cm

Du brauchst

Für eine Blume:

- 8 Baumwollstoffreste in verschiedenen Mustern und Farben, je 12 cm x 12 cm

- Knopf
- Filzrest, 5 cm x 5 cm
- Broschennadel, ca. 2 cm lang
- Heißklebepistole
- Nähzubehör (Seite 12 und 14)

Techniken

- Schnittmuster verwenden (Seite 18)
- Nähen mit der Hand (Seite 20)
- Bügeln (Seite 22)
- Heißklebepistole verwenden (Seite 23)

Vorbereitung

Schnittmuster Seite 165

1. Schneide aus den Stoffresten acht je 12 cm x 12 cm große Stücke aus. Daraus werden die Blütenblätter gemacht.
2. Schneide mithilfe des Schnittmusters einen Filzkreis zu.

Und so geht's

1. Falte die Quadrate diagonal zu Dreiecken und bügle sie.

Die Falttechnik für die Blüten ist uralt und stammt aus Japan. Dort werden diese **Blumen-Kanzashi** als traditioneller Haarschmuck verwendet.

Lege das Dreieck mit dem Bruch nach unten vor dich und falte die linke und die rechte Ecke nach oben auf die offenen Kanten.

Drehe das entstandene Quadrat um, sodass die Falten unten liegen. Die offenen Kanten zeigen immer noch nach oben.

Falte die linke und die rechte Ecke zur Mitte, sodass sich die Spitzen treffen.

TIPP

Achte darauf, dass du das Quadrat so wendest, dass die Falten aus Schritt 2 weiterhin vertikal sind, sonst klappt die weitere Faltung nicht. Schau einfach auf der Unterseite nach, nachdem du das Ganze umgedreht hast.

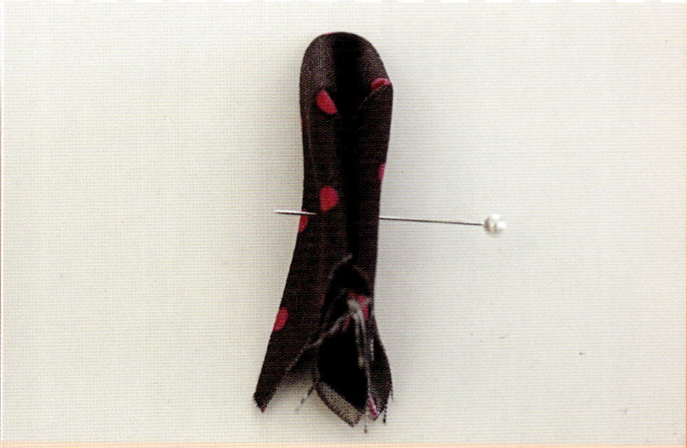

Falte die entstandene Raute der Länge nach mittig. Stich eine Nadel durch die Stofflagen, um das Ganze zu fixieren.

6.

Wiederhole Schritt 1–5, um die restlichen sieben Blütenblätter zu falten.

7.

Schneide an der offenen Seite die schrägen Kanten gerade ab. Achte darauf, dass du bei jedem Blütenblatt an der gleichen Stelle schneidest.

8.

Fädle Zwirn auf eine Nähnadel und stich kurz über den offenen Kanten durch die acht Blütenblätter. Achte darauf, dass du bei allen Blättern an der gleichen Stelle durchstichst. Lass Fadenanfang und -ende ca. 10 cm lang hängen.

9.

Wenn du alle Blütenblätter aufgefädelt hast, ziehst du vorsichtig am Faden, sodass sich eine Blüte formt. Achte darauf, dass die Blütenblätter nicht zu fest nebeneinandersitzen. Verknote die Fadenenden.

10.

Ordne die Blütenblätter gleichmäßig rundum an.

11.

Öffne die Blütenblätter vorsichtig mit dem Finger.

Gib etwas Heißkleber auf einen Knopf und klebe ihn in die Mitte der Blüte.

Klebe den Filzkreis auf die Unterseite der Blüte und dann die Broschennadel auf den Filzkreis.

Fünf-Minuten-Ideen

Pompons

Du brauchst

- Wolle in deiner Lieblingsfarbe
- Schere

Und so geht's

1. Klemme den Fadenanfang zwischen deinem Daumen und deiner Hand fest. Dann wickelst du den Faden um deine Hand. Achte darauf, dass du den Faden nicht zu fest wickelst, sonst wird dein Pompon zu klein.

2. Wickle die Wolle etwa 50- bis 70-mal um deine Hand. Je dünner die Wolle, je länger musst du wickeln. Schneide den Faden ab und streife die aufgewickelte Wolle vorsichtig von der Hand.

3. Binde einen ca. 10 cm langen Wollfaden fest um die Mitte des Wollwickels und verknote ihn doppelt.

4. Schneide mit einer scharfen Schere auf beiden Seiten die Schlingen auf.

5. Fertig ist dein Pompon! Zupfe ihn mit den Fingern vorsichtig in eine schöne buschige Form und schneide evtl. überstehende Wollfäden ab.

Pompons sind wunderbar – und vielseitig! Mach dir gleich mehrere in verschiedenen Farben und ziehe sie auf einen langen Faden auf als Girlande. Oder verziere deine Taschen und Schals damit, indem du einen oder mehrere Pompons daran anbringst.

Knopfblumenring

Du brauchst

Für einen Ring:

- 3 Knöpfe in unterschiedlichen Größen (klein, mittel, groß)
- Ringrohling
- Heißklebepistole

Technik

- Heißklebepistole verwenden (Seite 22)

Und so geht's

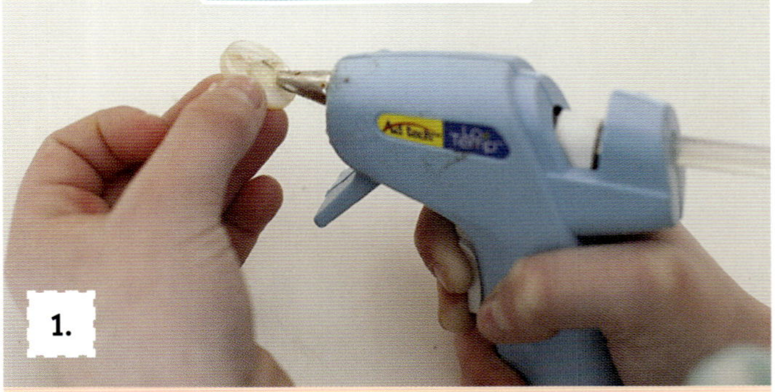

Gib etwas Heißkleber auf die Rückseite des mittleren Knopfs und klebe ihn in die Mitte des großen Knopfs. Dann klebst du den kleinen auf den mittleren Knopf.

Zeigt her eure Finger! Lass deiner Fantasie freien Lauf und kreiere deine eigen Ringe. Klebe z. B. statt des großen Knopfes eine aus Filz zugeschnittene Blüte auf. Wunderschön, wetten?

2.

Gib einen großen Tropfen Heißkleber auf den Ringrohling. Klebe vorsichtig die Knopfblume darauf und drücke sie fest an.

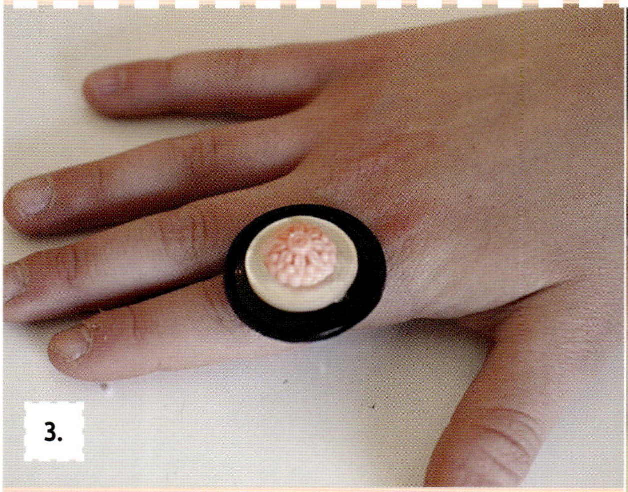

3.

Lass alles gut trocknen, bevor du den Ring auf den Finger steckst.

Lust auf mehr? Klebe mehrere Knopfblumen auf einen Haarspangenrohling. Ein echter Hingucker!

Prachtvolle Haarspange

Keine Lust auf Geometrie?
Anstatt Dreiecke kannst du natürlich auch andere Filzformen auf deine Spange kleben.

Du brauchst

- Filzreste in Hellblau, Gelb und Pink
- Haarspangenrohling, ca. 6 cm lang
- Heißklebepistole

Techniken

- Schnittmuster verwenden (Seite 18)
- Heißklebepistole verwenden (Seite 22)

Und so geht's

Schnittmuster Seite 171

1. Schneide mithilfe des Schnittmusters ein kleines und zwei große Dreiecke aus Filz aus. Gib Heißkleber auf den Haarspangenrohling.

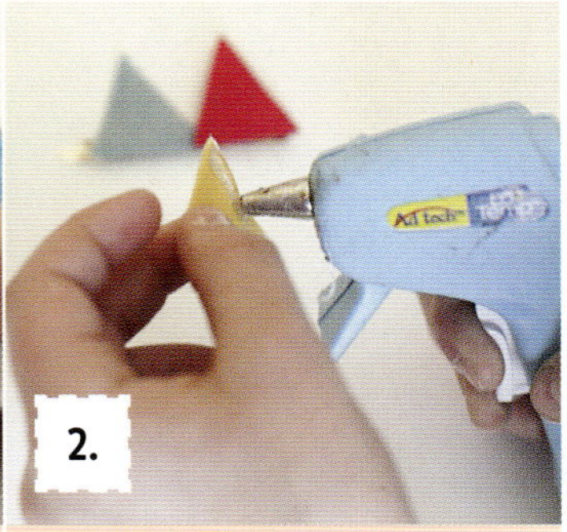

2. Klebe die beiden großen Filzdreiecke nebeneinander auf die Haarspange. Dann klebst du das kleine Dreieck in die Mitte darüber.

Pompon-Ohrringe

Wie eine riesige Perle sieht der flauschige Pompon-Ohrring aus. Schick, oder?

Du brauchst

Für ein Paar Ohrringe:

- 2 Pompons oder Filzbällchen, ø ca. 1,5–2 cm
- 2 Ohrstecker-Rohlinge, ø ca. 1 cm
- Heißklebepistole

Technik

- Heißklebepistole verwenden (Seite 22)

Und so geht's

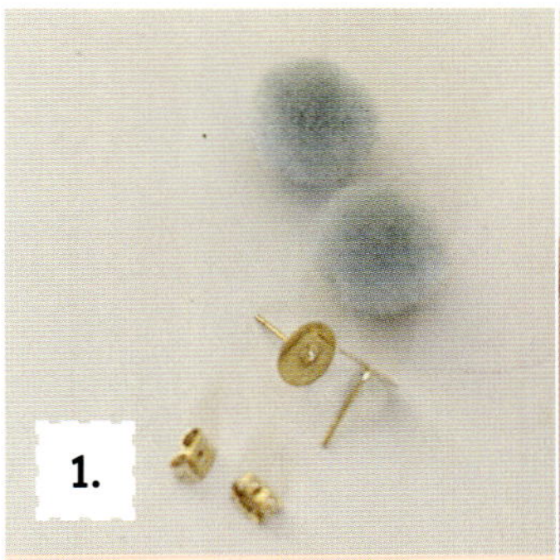

1.

Nimm die Stopper von den Ohrsteckern ab und lege dir alle Teile zurecht.

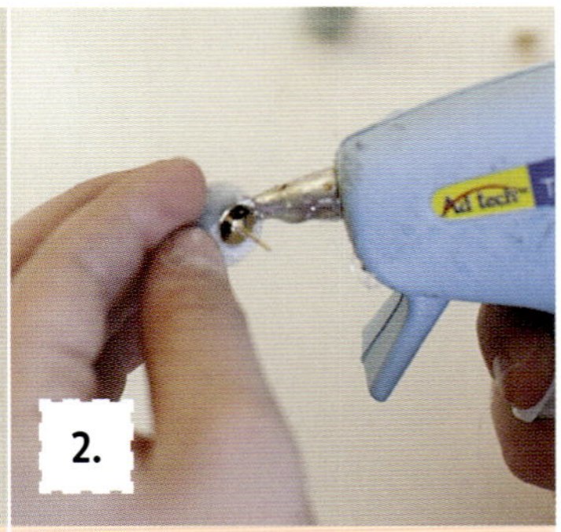

2.

Gib Heißkleber auf die Ohrstecker und drücke je einen Pompon darauf fest. Lass den Kleber gut trocknen. Fertig!

Anziehend

Spitzen-Tanktop

Du brauchst

- Tanktop in deiner Größe in Weiß
- Spitzendeckchen, ø ca. 20 cm
- Stoffmalfarbe
- Vliesofix, ca. 25 cm x 25 cm
- Schürze
- Gummihandschuhe
- Holzlöffel
- Plastikschüssel
- Messbecher
- Nähmaschine
- Nähzubehör (Seite 12 und 14)

Techniken

- Vliesofix verarbeiten (Seite 19)
- Bügeln (Seite 22)

Spitze färben

Färbe das Spitzendeckchen passend zu deinem Tanktop oder einfach in deiner Lieblingsfarbe ein. Du solltest dir zum Färben unbedingt alte Klamotten und eine Schürze anziehen! Und lass dir evtl. von einem Erwachsenen helfen.

EIN PAAR MEHR ...

Wenn du schon beim Färben bist, färbe doch einfach mehrere Deckchen ein. Dann kannst du noch weitere Tops für dich oder deine Freundinnen gestalten.

Weiter geht's mit Spitze färben ...

Neuer Auftritt für Omas Spitzendeckchen!
Wie du siehst, macht so ein Spitzenshirt ordentlich was her. Deine Freundinnen werden es lieben!

Spitze färben – Fortsetzung

1. Wasche das Spitzendeckchen mit etwas kaltem Wasser aus.
2. Gib nach Herstelleranleitung die entsprechende Menge Wasser und das Färbemittel in die Plastikschüssel. Ziehe Gummihandschuhe an und rühre so lange um, bis sich das Färbemittel aufgelöst hat.
3. Lege das Spitzendeckchen flach in die Färbeflüssigkeit, damit es die Farbe gleichmäßig annimmt. Soll dein Färbeergebnis heller sein, nimm das Deckchen früher aus der Flüssigkeit. Beachte dazu die Herstelleranleitung. Denke aber daran, dass die Farbe nach dem Trocknen etwas heller wird.
4. Nimm das Deckchen aus der Färbeflüssigkeit und spüle es mit kaltem Wasser gründlich aus, bis keine Farbe mehr herauskommt. Lass es trocknen.

Und so geht's

1. Lege das Spitzendeckchen auf die Papierseite des Vliesofix und umrande es mit einem Bleistift. Schneide die Vliesofix-Form aus.

2. Lege die Vliesofix-Form mit der rauen Seite nach oben und bügle das Deckchen darauf. Lege ein Tuch zwischen Bügeleisen und Deckchen, so verklebt das Eisen nicht.

3.

Ziehe das Papier von der Rückseite des Vliesofix ab.

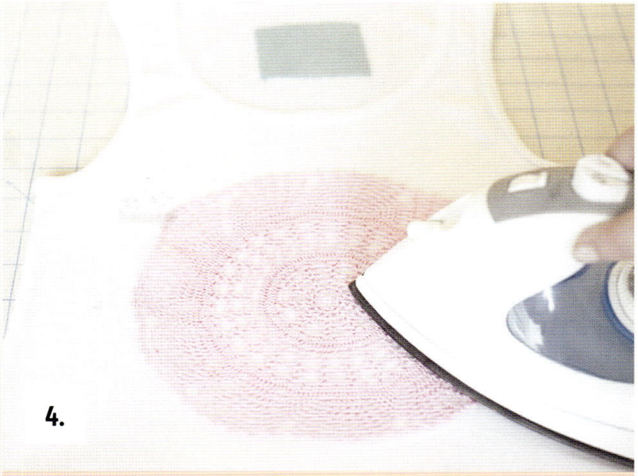

4.

Bügle das Spitzendeckchen mit der Klebeseite nach unten auf deinem Tanktop fest. Lege ein Tuch dazwischen.

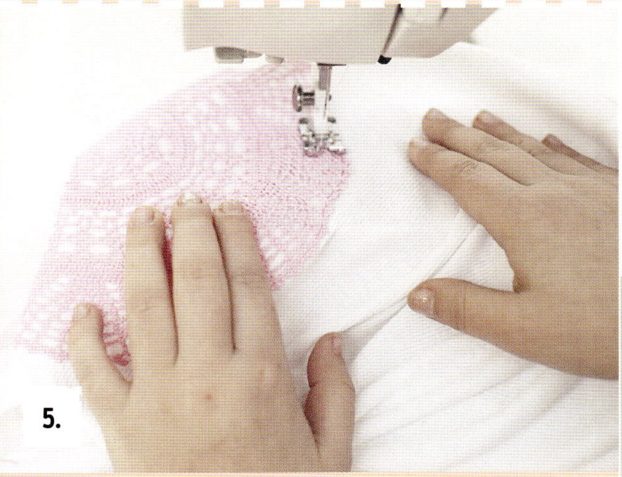

5.

Jetzt nähst du das Deckchen an. Schiebe die Vorderseite des Tops vorsichtig unter das Füßchen. Senke das Füßchen ab und nähe das Deckchen mit geradem Stich rundherum füßchenbreit an. Nähe langsam, damit du gut über die Unebenheiten des Deckchens kommst. Wenn du fertig bist, schneidest du die Fäden ab.

UNVERWECHSELBAR

Natürlich kannst du deine Spitze auch auf die Rückseite des Tops aufbügeln. Oder du nähst mehrere Deckchen in verschiedenen Größen auf. Denk dran, es ist deine eigene Kreation!

Die eingefärbten Spitze macht dein Tanktop wirklich einzigartig!

BRAUCHT ETWAS ÜBUNG

Umhängetasche

Größe: ca. 23 cm x 28 cm

Du brauchst

- Oberstoff: gemusterten Baumwollstoff, 2 x 25 cm x 30 cm
- Futter: festen Baumwollstoff, 2 x 25 cm x 30 cm
- Trageriemen: gemusterten Baumwollstoff, 2 x je 10 cm x 60
- Filzreste
- Vliesofix, 30 cm x 30 cm
- dünne Vlieseline zum Aufbügeln (z. B. F220), 2 x 25 cm x 30 cm
- Nähmaschine
- Nähzubehör (Seite 12 und 14)

Techniken

- Schnittmuster verwenden (Seite 18)
- Vliesofix verarbeiten (Seite 19)
- Bügeln (Seite 22)
- Ecken nähen (Seite 23)

Vorbereitung

Schnittmuster für Pilz und Apfel Seite 166, 167 und 171

1. Pause die Schnittmuster für Apfel oder Pilz ab, schneide sie aus und übertrage sie auf die Papierseite des Vliesofix.

2. Lege die Vliesofix-Teile mit der rauen Seite nach unten auf die jeweiligen Filzreste, bügle sie an und schneide sie aus.

UNVERWECHSELBAR

Schneide auch andere Früchte, Tiere oder Fantasieformen aus Filz aus und bügle sie auf deine Tasche. Achte bei Buchstaben darauf, dass du sie spiegelverkehrt auf das Vliesofix zeichnest, damit sie später richtig herum erscheinen.

Echter Hingucker! Diese Umhängetasche ist nicht nur praktisch, sondern auch noch wunderhübsch! Die Apfel- oder Pilzapplikation und die selbstgemachte Troddel machen sie unverwechselbar!

Vorbereitung – Fortsetzung

3. Schneide aus dem Außenstoff zwei je 25 cm x 30 cm große Teile zu.

4. Schneide aus dem Futterstoff zwei je 25 cm x 30 cm große Teile für das Futter zu.

5. Schneide aus der dünnen Vlieseline zwei je 25 cm x 30 cm große Teile zu.

6. Schneide zwei je 10 cm x 60 cm große Teile für den Trageriemen zu.

7. Lege ein Stück Vlieseline mit der rauen Seite auf die linke Seite eines Außenstoffteils. Bügle die Vlieseline vorsichtig auf den Stoff auf. Beachte die Herstelleranleitung. Wiederhole den Schritt bei dem zweiten Stoffteil der Außentasche.

Und so geht's

Diese Tasche besteht aus Außentasche, Futter und Henkeln. Die Teile werden zunächst einzeln gearbeitet und anschließend zusammengenäht.

Eine gute Übung für gerade Nähte!

AUSSENTASCHE

1.

ACHTUNG, ABSTAND!

Bevor du mit dem Nähen beginnst, überlege dir, wo du die Filzapplikationen anbringen möchtest. Einmal aufgebügelt kannst du sie nicht mehr verschieben. Achte dabei darauf, dass du genügend Abstand zwischen der Filzapplikation und den Stoffkanten einhältst (ca. 6–8 cm). Ansonsten verschwinden Teile davon in der Naht.

Ziehe das Papier vom Vliesofix ab und lege die Filzapplikation an die gewünschte Stelle auf die rechte Seite des Außenstoffs.

FARBKONTRAST

Für das Absteppen des Filzmotivs kannst du Garn in der Farbe des Filz' wählen. Die Ränder kommen aber besonders schön zur Geltung, wenn du die Kanten schwarz absteppst.

2. Bügle das Motiv vorsichtig auf.

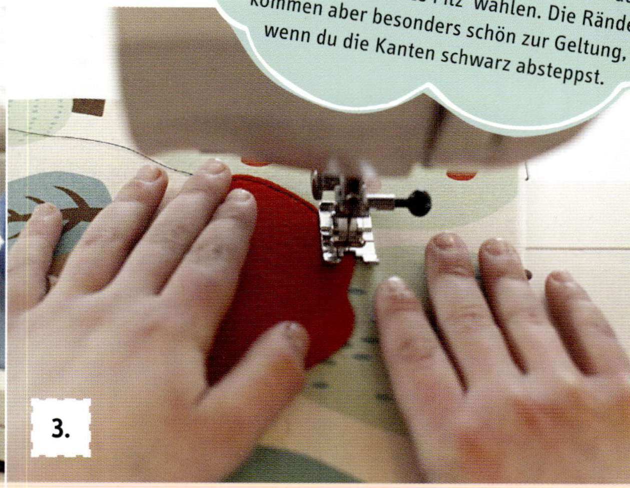

3. Nähe mit geradem Stich dicht an den Außenkanten entlang. Nähe langsam um die Kurven und lass die Nadel im Stoff stecken, wenn du das Füßchen hebst, um den Stoff neu auszurichten.

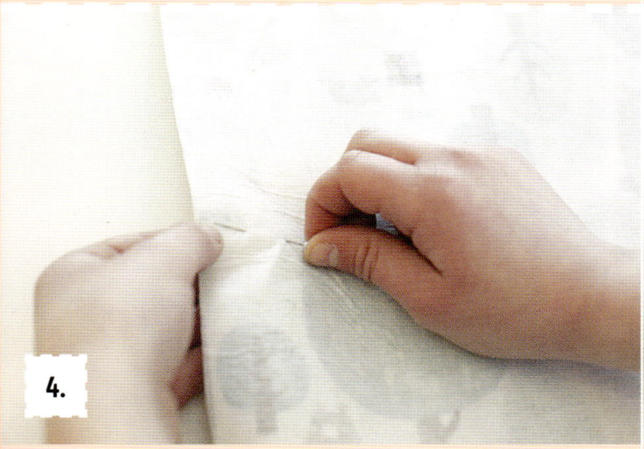

4. Jetzt kannst du die Außentasche zusammennähen. Lege die beiden Stoffteile rechts auf rechts aufeinander und fixiere die Lagen mit Stecknadeln.

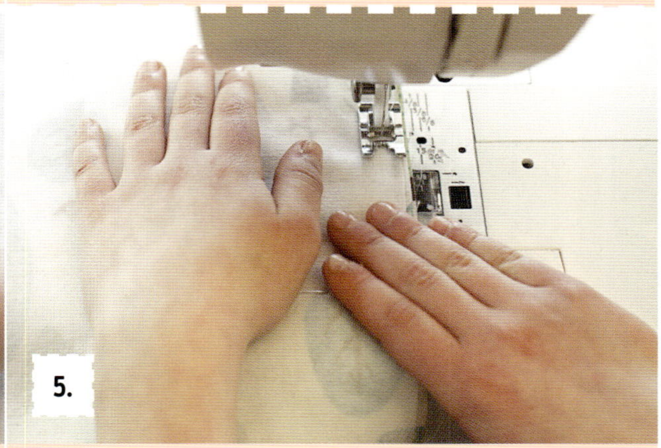

5. Nähe Seitenkanten und Taschenboden mit geradem Stich füßchenbreit zusammen. Lass an den Ecken die Nadel im Stoff stecken, wenn du das Füßchen hebst, um den Stoff neu auszurichten. Mache am Nahtanfang und -ende jeweils einige Rückstiche. Die Nahtzugaben an den Ecken abschneiden. Wende die Tasche.

FUTTER

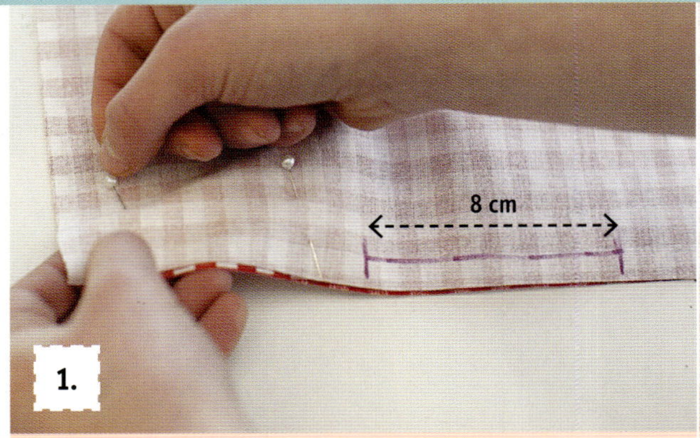

Lege die Futterteile rechts auf rechts aufeinander und fixiere die Lagen mit Stecknadeln. Zeichne am unteren Boden der Tasche in der Mitte mit Trickmarker eine ca. 8 cm lange Linie an. Lass diese Linie beim Nähen offen, hier wendest du später die Tasche.

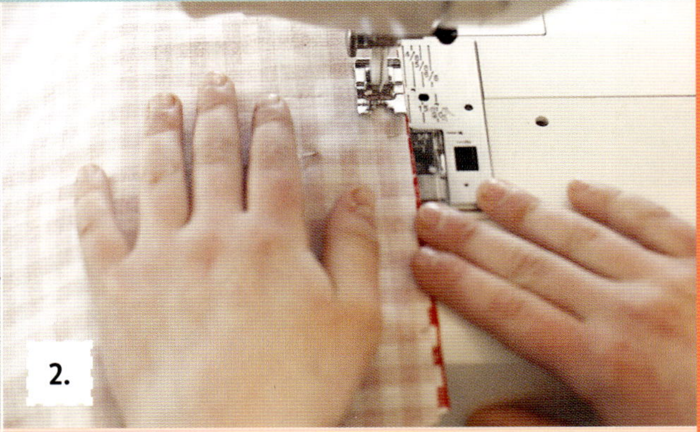

Nähe die beiden Seitenkanten und den Taschenboden mit geradem Stich füßchenbreit zusammen. Lass die Wendeöffnung offen. Mache am Anfang und am Ende jeder Naht jeweils einige Rückstiche, um die Naht zu sichern. An den Ecken lässt du die Nadel im Stoff stecken, wenn du den Stoff neu ausrichtest.

HENKEL

Falte die 60 cm langen Stücke links auf links mittig der Länge nach und bügle sie. Öffne die Falte und lege die langen Kanten jeweils nach innen auf die gebügelte Mittelfalte. Bügle sie.

Falte die Streifen mittig der Länge nach und bügle sie.

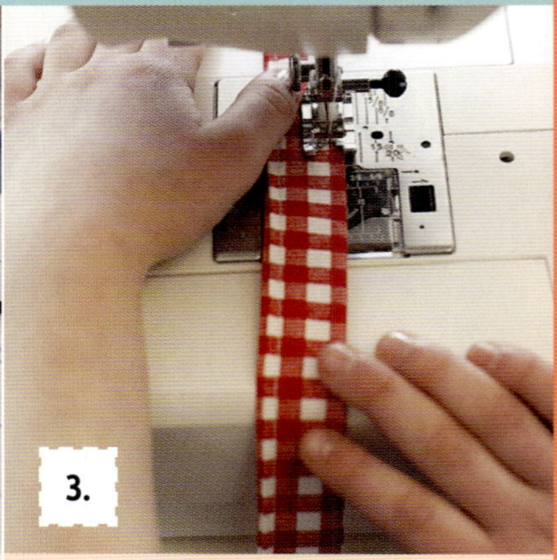

Nähe mit geradem Stich knappkantig entlang der beiden Kanten der Henkel.

FERTIGSTELLEN

Stecke ein Ende des einen Henkels mittig auf die Naht der rechten Stoffseite der Außentasche. Die schmale Kante des Henkels und die offene Kante der Außentasche treffen aufeinander. Wiederhole den Schritt mit dem anderen Henkel auf der anderen Seite der Außentasche.

Schiebe die Außentasche rechts auf rechts in das Futter. Achte darauf, dass die Henkel innen liegen. Lege die oberen Kanten sowie die beiden Seitennähte der Außentasche und des Futters genau aufeinander und fixiere die Lagen mit Stecknadeln.

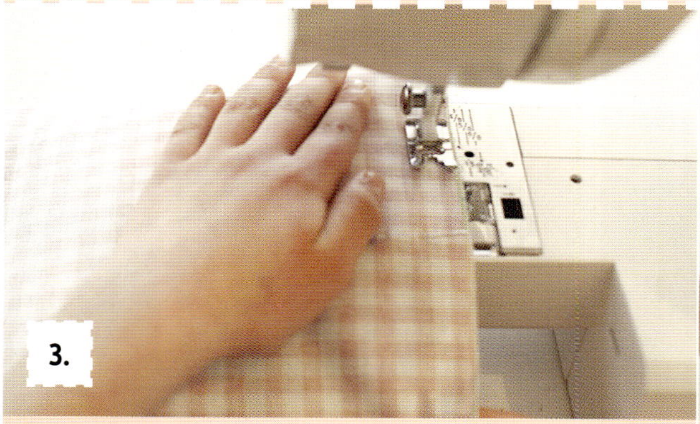

Entferne die Nähfläche, damit du den Stoff leichter unter das Füßchen schieben kannst. Nähe den Außenstoff und das Futter füßchenbreit zusammen. Schneide alle Fäden ab und entferne die Stecknadeln.

Jetzt kannst du die Außentasche vorsichtig durch die Wendeöffnung im Futter ziehen.

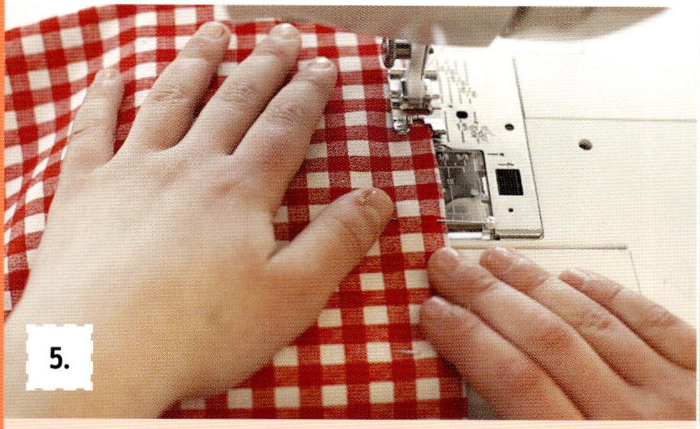

5.

Bügle die Nahtzugaben der Wendeöffnung nach innen und nähe die Öffnung knappkantig mit geradem Stich zu.

6.

Schiebe das Futter in die Tasche und drücke die Ecken mit einer geschlossenen Schere vorsichtig von innen heraus.

7.

Bügle die oberen Kanten.

8.

Mache einen Knoten in die beiden Enden der Henkel, je nachdem, wie lang die Träger sein sollen. Fertig ist deine Umhängetasche!

BRAUCHT ETWAS ÜBUNG

Flower-Power-Shirt

Du brauchst

- T-Shirt in deiner Größe
- gemusterten Quiltstoff, 110 cm breit, 10 cm
- Nähzubehör (Seite 12 und 14)

Techniken

- Schnittmuster verwenden (Seite 18)
- Nähen mit der Hand (Seite 20)
- Bügeln (Seite 22)

Vorbereitung

Schnittmuster Seite 166

Verziere dein T-Shirt mit so vielen Blumen, wie du magst. Jede Blume wird aus vier einzelnen Blüten gearbeitet.

1. Pause das Schnittmuster ab und übertrage es mit weichem Bleistift auf den Stoff.

2. Schneide so viele Blumen aus, wie du aufnähen möchtest. Stecke beim Ausschneiden zwei bis drei Stofflagen übereinander, dann geht's schneller.

Und so geht's

1. & 2.

Falte die Blüte mit der rechten Seite nach außen in der Mitte und bügle den Knick. Falte sie erneut hälftig und bügle sie. Wiederhole den Schritt bei allen Blüten.

Fädle Zwirn auf eine Nadel und verknote den Faden ca. 8 cm vom langen Ende entfernt.

Nicht nur Blumenkinder finden dieses T-Shirt klasse. Mach dein Shirt einzigartig und nähe so viele Blumen wie du möchtest auf dein Shirt.

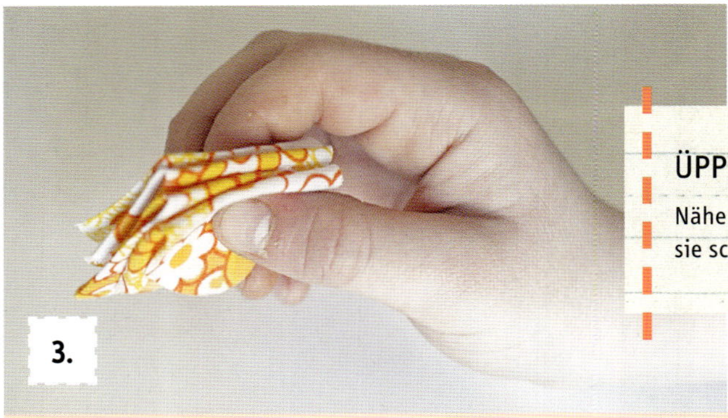

3.

ÜPPIGE BLÜTEN

Nähe die Blumen dicht nebeneinander an, dann sehen sie schön üppig aus.

Markiere mit einer Nadel die Stelle, an der du die erste Blume auf dem T-Shirt anbringen möchtest. Lege vier gefaltete Blüten mit den gefalteten Ecken aufeinander.

4.

Stich mit Nadel und Zwirn (Ende verknoten) von hinten durch das T-Shirt und anschließend an den gefalteten Ecken durch die vier Blüten. Stich nun von vorn in das T-Shirt ein und ziehe am Faden, sodass die Blume dicht am T-Shirt sitzt. Wiederhole den Schritt zweimal.

5.

Verknote die Enden des Zwirns doppelt und schneide sie ab. Bringe die Blume mit den Fingern in eine buschige Form.

6.

Nähe die anderen Blumen wie in Schritt 4 und 5 beschrieben auf dein Flower-Power-Shirt.

Supereinfacher Rock

Du brauchst

- gemusterten Baumwollstoff, 140 cm breit, ca. 50 cm lang (je nach Rocklänge)
- Gummiband in Schwarz, 5 cm breit, 1 m (je nach Taillenweite)
- Nähmaschine
- Nähzubehör (Seite 12 und 14)

Technik

- Bügeln (Seite 22)

Vorbereitung

Wasche den Baumwollstoff vor dem Nähen in der Waschmaschine und trockne ihn anschließend möglichst im Trockner. So vermeidest du, dass dein Rock beim Waschen einläuft und dir irgendwann nicht mehr passt.

MASS NEHMEN

Wie viel Stoff du für den Rock benötigst, hängt von deinen Maßen ab, also von deiner Größe und deiner Taillenweite. Wie du die die Maße bestimmst und die benötigte Stoffmenge berechnest, erfährst du auf Seite 75.

Ein Rock zum Aufpeppen!

Der schlichte Rock ist ein tolles Basic. Wenn du möchtest, kannst du ihn mit aufgenähten Pompons, Knöpfen oder einer Tasche noch hübsch aufpeppen.

Vorbereitung – Fortsetzung

1. Nimm zuerst mit einem Maßband deine Maße. Das geht am besten zu zweit. Miss deine Taillenweite. Das ist die Stelle, wo später das Gummiband sitzt. Lege das Maßband dazu locker um die Taille. Notiere dir die Weite.

2. Die Maße für die Breite des Rocks ermittelst du, indem du deine Taillenweite mal zwei nimmst. Beträgt deine Taillenweite z. B. 60 cm, wäre die Breite des Stoffs für deinen Rock 120 cm.

3. Miss, wie lang dein Rock von der Taille aus werden soll. Bis kurz oberhalb des Knies ist die beste Länge. Notiere dir die Länge.

4. Addiere 5 cm zur Länge deines Rocks aus Schritt 3. Jetzt kannst du den Stoff mit den entsprechenden Maßen (doppelte Taillenweite und Länge + 5 cm) zuschneiden. Lege den Stoff glatt auf den Tisch, miss die Länge und Breite ab und zeichne die Schnittlinien mit Trickmarker und Lineal an.

5. Ziehe 5 cm von der Taillenweite, die du in Schritt 1 gemessen hast, ab. Schneide das Gummiband in dieser Länge zu.

WAS TUN MIT STOFFRESTEN?

Beim Zuschneiden bleiben immer wieder Stoffreste übrig. Zum Wegwerfen sind sie viel zu schade! Sammle sie in einem Körbchen und verwende sie für andere Projekte. Du kannst daraus z. B. Blüten für die Blumenkette auf Seite 39 oder für das Flower-Power-Shirt auf Seite 70 zaubern.

Und so geht's

1.

TRICKKISTE

Mit einem Trick ist es superleicht, eine Naht mit 2,5 cm Nahtzugabe zu nähen. Miss 2,5 cm von der Nadel nach rechts und klebe in diesem Abstand ein Stück Malerkrepp parallel zum Füßchen. Beim Nähen führst du den Gummi einfach an dem Klebestreifen entlang.

Falte den Gummi auf die Hälfte, stecke die beiden Enden aufeinander und nähe sie mit 2,5 cm Nahtzugabe zusammen.

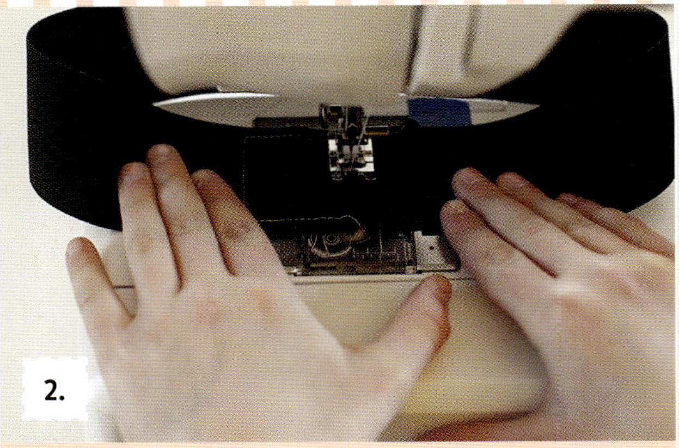

2.

Klappe die Nahtzugaben auseinander und nähe sie mit geradem Stich in einem Quadrat auf dem Gummi fest. Wie es fertig aussieht, zeigt dir Schrittfoto 5.

3.

Lege das Stoffteil für den Rock hälftig rechts auf rechts und stecke die Stofflagen an den kurzen Kanten mit Nadeln zusammen. Dies wird die Seitennaht des Rocks.

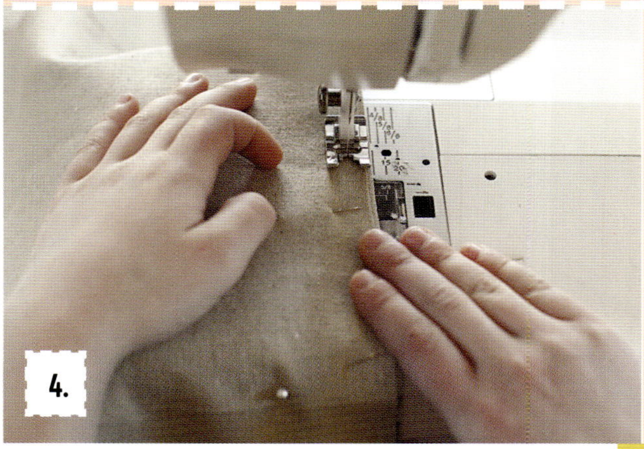

4.

Nähe die zusammengesteckten Kanten der Längsseite füßchenbreit mit geradem Stich. Bügle die Naht.

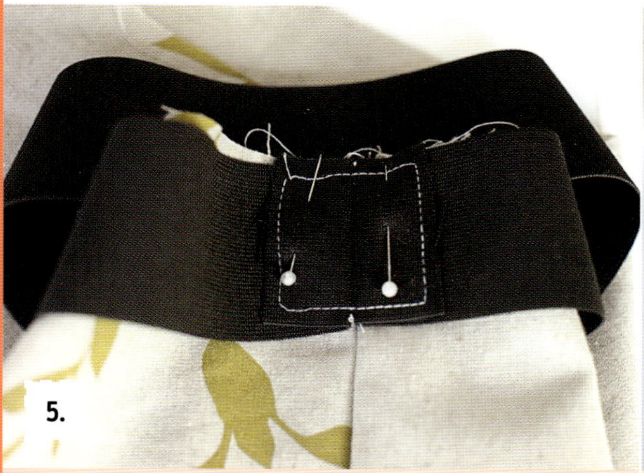

Jetzt nähst du den Gummi an den Rock. Wende dazu den Rock, sodass die rechte Seite außen ist. Lege den Gummi mit der rechten Seite auf die rechte Stoffseite des Rocks. Achte darauf, dass die Nähte aufeinandertreffen und die beiden Kanten genau übereinanderliegen. Stecke den Gummi an dem Quadrat fest.

Teile dazu den Rock in Abschnitte ein, zuerst Viertel, dann Achtel, und markiere die Abschnitte mit Nadeln. Dann machst du dasselbe mit dem Gummi. Stecke jetzt den Rock an den entsprechenden Markierungen am Gummi fest. So verteilt sich das viel längere Rockteil gleichmäßig über den Gummi.

TRICKKISTE

Mache zwischendrin immer Pausen, um mit den Händen Stoff und Gummi nachzugreifen. Wenn deine rechte Hand an der Nadel angekommen ist, lässt du die Nadel im Stoff stecken, hältst den Stoff wieder so, dass du den Gummi auseinanderziehen kannst, und nähst dann weiter.

Damit du den Stoff gleichmäßig an den Gummi festnähst, wendest du einen Trick an: Halte Gummi und Stoff mit der linken Hand hinter der Nadel und mit der rechten Hand vor der Nadel fest und ziehe den Gummi beim Nähen auseinander, sodass der Stoff faltenfrei unter dem Gummi liegt. Nähe füßchenbreit mit geradem Stich.

8.

Jetzt kommt der Saum dran. Ziehe den Rock an, um zu prüfen, ob die Länge richtig ist. Bügle dann den Saum erst 2,5 cm und dann noch mal 2,5 cm um. Soll dein Rock etwas länger werden, bügle zunächst 1 cm und dann erst 2,5 cm um.

9.

Stecke den Saum mit Nadeln fest.

10.

Nähe den Saum mit geradem Stich an der doppelt eingebügelten Kante an. Mache einige Rückstiche am Ende der Naht. Entferne alle Nadeln und schneide alle Fäden ab. Wende deinen Rock und schon kannst du ihn anziehen!

Hallo Modedesignerin!
Du hast gerade deinen ersten
Rock selbst genäht!

STOFFDESIGN – SELBST GEMACHT

Hast du Lust, deinen eigenen Stoff zu entwerfen? Nutze z. B. die Knüpfbatik-Technik oder bemale deinen Stoff mit Textilstiften. Du kannst aber auch mit einer Schablone arbeiten, um deine Muster sauber mit Stoffmalfarbe auf ein Stück Stoff oder eine fertige Stofftasche aufzumalen.

Für die Schablone eignet sich am besten Freezer-Papier. Es hat eine Folienseite, die du auf den Stoff aufbügelst. So bekommt das Motiv beim Malen scharfe Ränder und die Farbe franst nicht aus.

Du brauchst

Schnittmuster Seite 172

- Stoffmalfarbe in Blau
- Malunterlage
- Tragetasche aus Baumwollstoff
- Freezer-Papier
- Cuttermesser
- Schneideunterlage
- Schablonierpinsel oder -schwamm
- Bleistift

Und so geht's

1.

Schneide ein Stück Freezer-Papier in der passenden Größe zu. Pause das Schnittmuster ab und schneide es aus. Übertrage das Herzmuster mit Bleistift auf die Papierseite des Freezer-Papiers. Lass genügend Platz zwischen den Herzen.

2.

Lege das Freezer-Papier auf eine Schneidunterlage und schneide die Herzen vorsichtig entlang der Bleistiftlinie mit einem Cuttermesser aus. Damit du saubere Kanten bekommst, sollte das Messer sehr scharf sein. Dann musst du auch nicht so fest drücken.

VORSICHT, SCHARF!

Cuttermesser sind extrem scharf. Lass dir beim Ausschneiden besser von einem Erwachsenen helfen!

3.

Bügle die Baumwolltasche. Dann legst du die Schablone mit der Folienseite auf den Stoff und bügelst sie vorsichtig auf. Beachte die Herstelleranleitung. Die Schablone sollte gut an dem Stoff kleben, damit dein Muster später saubere Kanten hat.

4.

Trage nun die Stoffmalfarbe mit dem Pinsel auf. Verwende immer nur wenig Farbe und tupfe sie vorsichtig auf den Stoff.

5.

Lass die Farbe gut trocknen und zieh dann das Freezer-Papier ab.

Gib der Farbe nochmals Zeit zum Trocknen und bügle anschließend vorsichtig darüber, um sie zu fixieren. Beachte dabei die Herstelleranleitung. Jetzt kannst du die Tasche auch waschen.

Praktisch & schön

Herzige Hülle

Größe: ca. 9 cm x 15 cm

Du brauchst

- Filz in Rot, 16 cm x 26 cm
- Filz in Weiß, 8 cm x 8 cm
- Vliesofix, 8 cm x 8 cm
- Knopf, ø ca. 2 cm
- Nähmaschine
- Nähzubehör (Seite 12 und 14)

Techniken

- Schnittmuster verwenden (Seite 18)
- Vliesofix verarbeiten (Seite 19)
- Knopf annähen (Seite 21)
- Bügeln (Seite 22)
- Ecken nähen (Seite 23)

Vorbereitung

Schnittmuster Seite 167

1. Schneide aus dem roten Filz zwei je 10 cm x 16 cm große Teile für die Vorder- und die Rückseite der Hülle aus.
2. Schneide die Lasche mithilfe des Schnittmusters aus rotem Filz aus.
3. Übertrage das Schnittmuster für das Herz auf die Papierseite des Vliesofix.
4. Bügle das Vliesofix mit der rauen Seite auf den weißen Filz. Schneide das Herz aus.

Und so geht's

1\.

Ziehe das Papier des Vliesofix ab, lege das Herz mit der rauen Seite nach unten und bügle es auf die Mitte der Hüllenvorderseite.

Du liebst Musik und deinen MP3-Player?
In dieser herzigen Hülle aus flauschigem Filz ist dein Player garantiert sicher aufbewahrt.

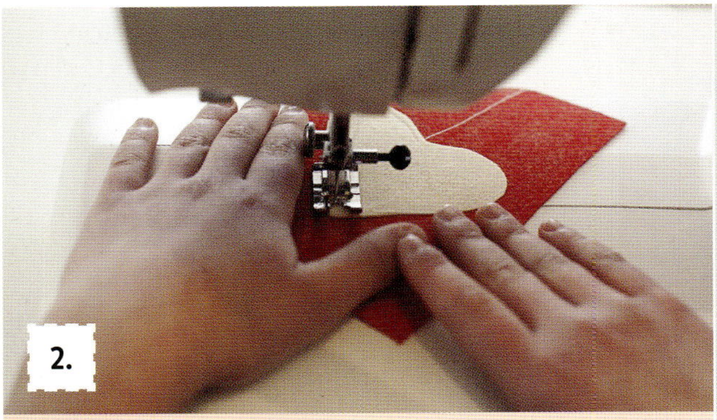

2.

Nähe mit geradem Stich dicht entlang der Kanten des Filzherz'. Lass an der Spitze die Nadel im Filz stecken, hebe das Füßchen und richte den Filz neu aus, damit du um die Ecke kommst. Senke das Füßchen wieder und nähe weiter. Verwende farblich passendes oder Garn in einer Kontrastfarbe.

3.

Falte das Rückteil der Länge nach zur Hälfte, um die Mitte zu finden. Stecke die Lasche mit den runden Ecken nach außen mittig auf eine schmale Seite des Rückteils. Rückteil und Lasche sollten ca. 1 cm überlappen.

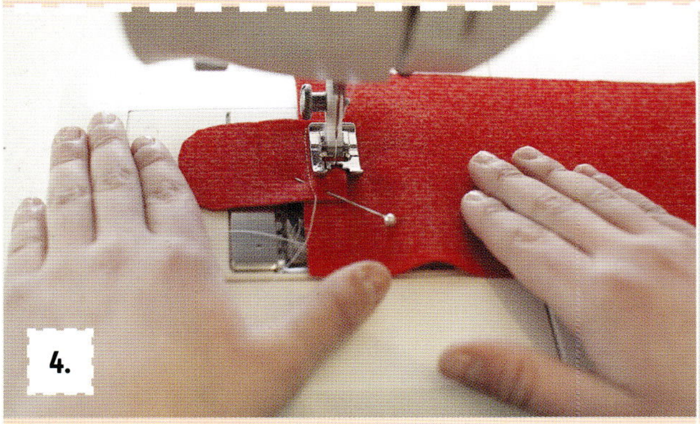

4.

Nähe die Lasche auf dem Rückteil dicht an der Kante rechteckig fest.

5.

Lege Vorder- und Rückteil rechts auf rechts aufeinander und fixiere die Stofflagen mit Stecknadeln.

6.

Nähe die beiden Längsseiten und die Unterseite füßchenbreit mit geradem Stich. Mache am Anfang und am Ende der Naht jeweils einige Rückstiche. Die Nahtzugaben an den Ecken abschneiden.

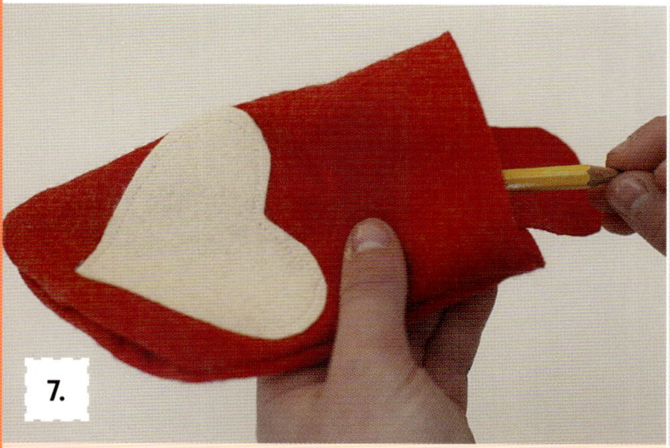

7.

Wende die Hülle. Drücke die Ecken mit dem Ende eines Bleistifts heraus.

8.

Nähe den Knopf auf der Vorderseite der Hülle von Hand an.

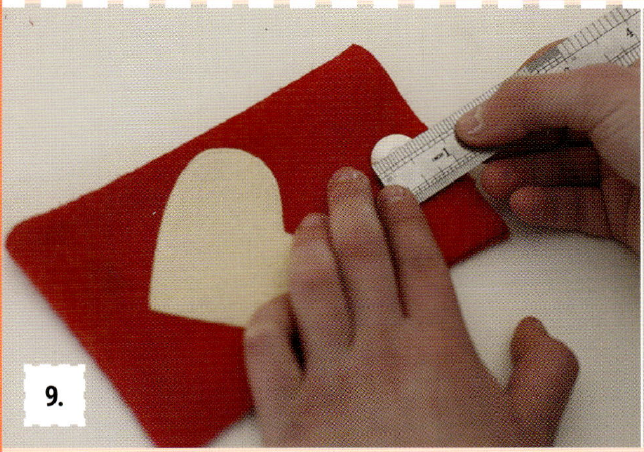

9.

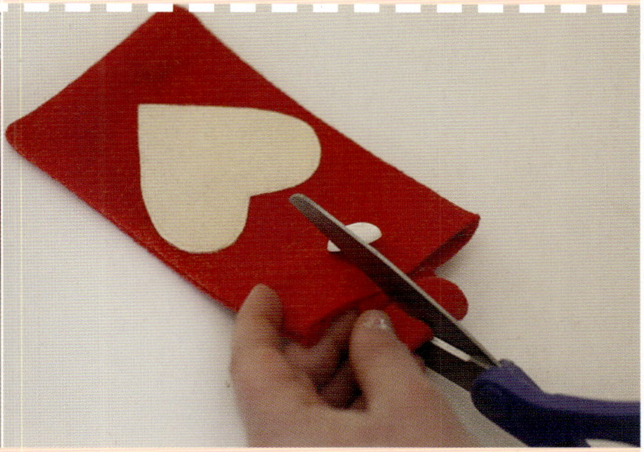

Miss den genauen Durchmesser des Knopfs. Knicke die Lasche und schneide vorsichtig ein Knopfloch in den Knick, das etwa halb so breit wie der Durchmesser des Knopfs ist. Lass dir von einem Erwachsenen helfen. Du kannst den Schlitz vorher auch mit Trickmarker aufzeichnen.

Jetzt hat dein MP3-Player ein kuscheliges Zuhause.

BRAUCHT ETWAS ÜBUNG

Täschchen

Größe: ca. 22 cm x 16 cm

Du brauchst

- Außenstoff: gemusterten Baumwollstoff, ca. 20 cm x 50 cm
- Futter: gemusterten oder unifarbenen Baumwollstoff, ca. 20 cm x 50 cm
- nicht teilbaren Reißverschluss, 22 cm lang
- Rest Stickgarn
- Nähmaschine mit normalem Füßchen und Reißverschlussfüßchen
- Nähzubehör (Seite 12 und 14)

Techniken

- Bügeln (Seite 22)
- Ecken nähen (Seite 23)

Vorbereitung

1. Schneide zwei je 18 cm x 24 cm große Stücke aus dem Außenstoff zu.
2. Schneide zwei je 18 cm x 24 cm große Stücke aus dem Futterstoff zu.

Und so geht's

1.

Lege ein Futterteil und ein Außenstoffteil links auf links aufeinander (dieses Foto zeigt den Außenstoff). Fixiere die Lagen mit Stecknadeln.

Schöne Täschchen wie dieses kann man nie genug haben! Du kannst darin Haarspangen, Stifte oder deinen Schmuck aufbewahren. Vielleicht hast du Lust, deiner Freundin auch so ein tolles Stück zu nähen?

2.

Schlage an einer Längskante Außenstoff und Futter 0,5 cm auf die Futterseite um und bügle die Kante. Wiederhole Schritt 1 und 2 bei den anderen beiden Stoffteilen.

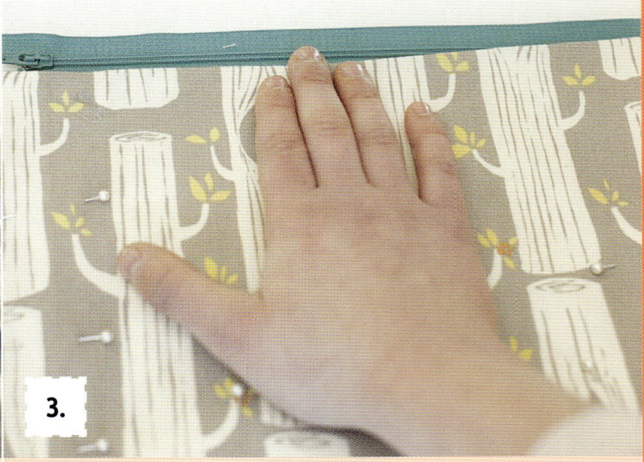

3.

Lege den Reißverschluss mit dem Zipper nach oben auf den Tisch. Dann legst du ein Taschenteil mit der Bügelkante mit dem Außenstoff oben auf das Stoffteil des Reißverschlusses. Schiebe es dicht an die Zähnchen.

4. & 5.

Stecke das Beutelteil mit Stecknadeln auf dem Stoffteil des Reißverschlusses fest.

Wiederhole Schritt 3 und 4 auf der anderen Seite des Reißverschlusses mit dem zweiten Taschenteil.

6.

Den Reißverschluss nähst du mit dem Reißverschlussfüßchen an. Wechsle das Füßchen an deiner Nähmaschine und stelle die Nadel so ein, dass sie auf der rechten Seite, nah an den Reißverschlusszähnchen, näht. Beachte die Bedienungsanleitung und lass dir evtl. von einem Erwachsenen helfen.

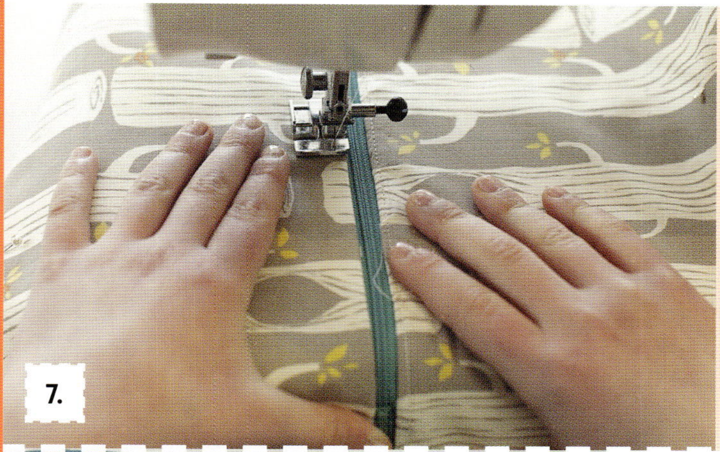

7.

Jetzt kannst du den Reißverschluss annähen. Nähe beide Seiten so, dass der Reißverschluss jeweils rechts von dem Füßchen liegt, und führe das Reißverschlussfüßchen dicht am Rand der Zähnchen entlang. Bist du fertig, setzt du wieder das normale Füßchen ein.

8.

Öffne den Reißverschluss, damit du den Beutel später wenden kannst. Lege die beiden rechten Außenstoffseiten des Täschchens aufeinander und fixiere die Stofflagen mit Stecknadeln.

9.

Nähe die drei Seiten des Täschchens füßchenbreit zusammen. Mache am Anfang und am Ende der Naht jeweils ein paar Rückstiche.

10.

Schneide die Nahtzugaben an den Ecken bis dicht vor die Naht ab.

11.

Schneide alle Fäden ab, wende und bügle das Täschchen.

POMPON-ZIPPER

Wie wär's mit einem bunten Pompon am Zipper? Es gibt sie in allen möglichen Farben und Größen im Bastelgeschäft. Schneide einen ca. 30 cm langen Stickgarnfaden ab und ziehe ihn durch das Loch im Zipper. Nähe den Pompon mit ein paar Stichen von Hand an die beiden Fadenenden.

BRAUCHT ETWAS ÜBUNG

Buchhülle

Größe: 31 cm x 22 cm

Du brauchst

- Außenhülle: Baumwollstoff, 50 cm x 25 cm
- Futter: Baumwollstoff, 50 cm x 25 cm
- Baumwollband, 1,5 cm breit, 1 m lang
- Filzreste in Hellgrün und Gelb
- 2 Pompons in Hellblau und Violett, ø ca. 1,5-2 cm
- Tagebuch oder Notizheft, A5*
- Nähmaschine
- Nähzubehör (Seite 12 und 14)

* Die Hüllenmaße sind für ein ca. 1 cm dickes A5-Notizbuch berechnet. Ist deines dicker oder dünner, passe in Schritt 1 die Länge des Stoffteils um die Zugabe an.

Techniken

- Schnittmuster verwenden (Seite 18)
- Bügeln (Seite 22)
- Heißklebepistole verwenden (Seite 22)
- Ecken nähen (Seite 23)

Vorbereitung

Schnittmuster Seite 167

1. Schneide aus dem Außen- und dem Futterstoff je ein 49 cm x 24 cm großes Teil aus.

2. Schneide mithilfe des Schnittmusters vier Blumen aus Filz aus.

Diese Hülle schmückt jedes Buch! Miss für den Stoffzuschnitt Höhe und Breite des offenen Buchs. Gib in der Breite 18 cm (Laschen und Nahtzugabe), in der Höhe 3 cm zu.

Und so geht's

1.

Lege die Stoffteile für die Außenhülle und das Futter rechts auf rechts aufeinander und fixiere die Stofflagen mit Stecknadeln. Markiere an der unteren Kante mit Trickmarker eine 8 cm lange Wendeöffnung.

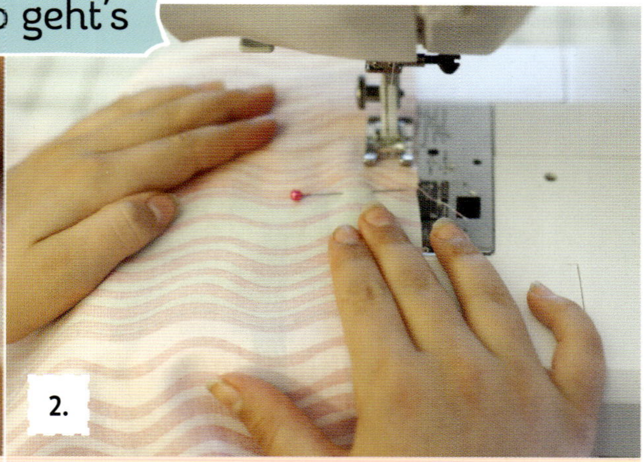

2.

Beginne an einem Ende der Wendeöffnung und steppe die Seiten rundum bis zum anderen Ende der Wendeöffnung füßchenbreit ab. Denke daran, die Nadel im Stoff stecken zu lassen, wenn du an den Ecken den Stoff neu ausrichtest. Mache am Anfang und am Ende der Naht jeweils einige Rückstiche. Entferne die Nadeln.

3.

Schneide alle Ecken dicht vor der Naht schräg ab.

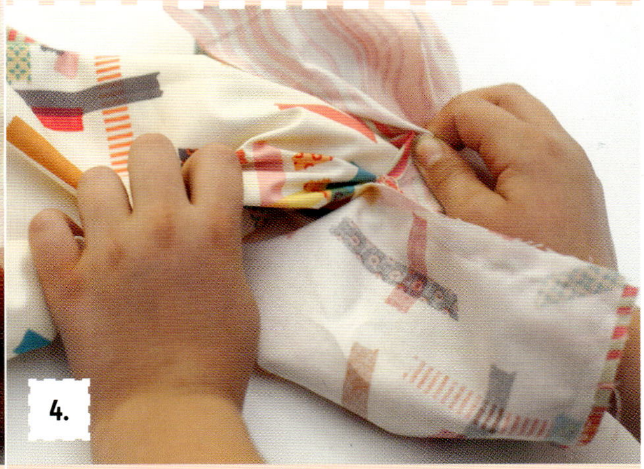

4.

Wende die Hülle, drücke die Ecken mit einer Schere nach außen und bügle das Ganze.

Bügle die Nahtzugaben an der Wendeöffnung nach innen. Nähe die Öffnung knappkantig ab.

Klappe die schmalen Seiten ca. 8 cm (je nach Dicke des Buchs) nach innen, sodass jeweils die Außenstoffe aufeinanderliegen. Probiere aus, ob die Hülle passt (Buch schließen). Bügle und stecke die Laschen fest.

Nähe die Laschen knappkantig an.

Wende die Buchhülle und drücke die Ecken mit einer Schere vorsichtig heraus.

Bügle die Hülle schön glatt.

Falte die Hülle und das Band jeweils hälftig, um die Mitte zu finden. Stecke die Mitte des Bandes auf die Mitte der Hülle.

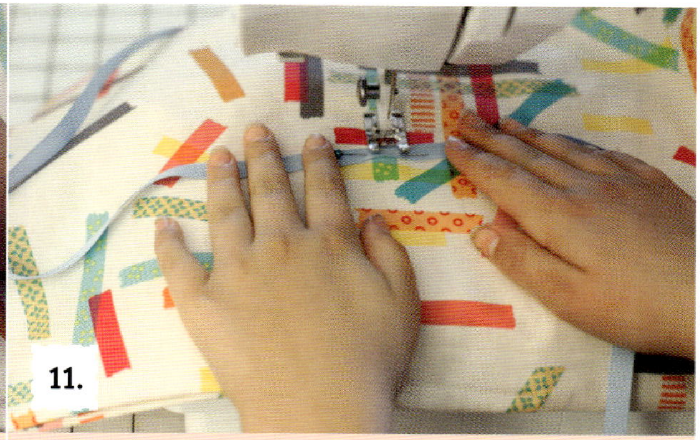

Nähe das Band in der Mitte auf die Hülle. Mache einige Vor- und Rückstiche, damit es fest sitzt.

Gib etwas Heißkleber auf die Mitte der Filzblumen und klebe die Enden des Bands jeweils zwischen zwei Blumen.

Klebe je einen Pompon in die Mitte der Filzblumen.

Jetzt kannst du dein Buch mit der Buchhülle beziehen. Mit einer Schleife in dem schönen Band verschließt du es ganz einfach.

BRAUCHT ETWAS ÜBUNG

Stoffschale

Größe: ca. 15 cm x 15 cm

Du brauchst

- Innenseite: dünnen Baumwollstoff, 25 cm x 25 cm
- Außenseite: festen Baumwollstoff, 25 cm x 25 cm
- Watte-Vlieseline oder Volumenvlies, ca. 3 mm dick (Stärke H 630), 25 cm x 25 cm
- 8 Knöpfe, ø ca. 2 cm
- Nähmaschine
- Nähzubehör (Seite 12 und 14)

Techniken

- Knopf annähen (Seite 21)
- Bügeln (Seite 22)
- Ecken nähen (Seite 23)
- Knappkantig absteppen (Seite 23)

Vorbereitung

1. Schneide aus dem Innen-, dem Außenstoff und dem Volumenvlies je ein 23 cm x 23 cm großes Teil zu.

2. Lege die Stoffe übereinander: zuunterst das Volumenvlies, dann den Außenstoff mit der schönen Seite nach oben, danach den Innenstoff mit der schönen Seite nach unten.

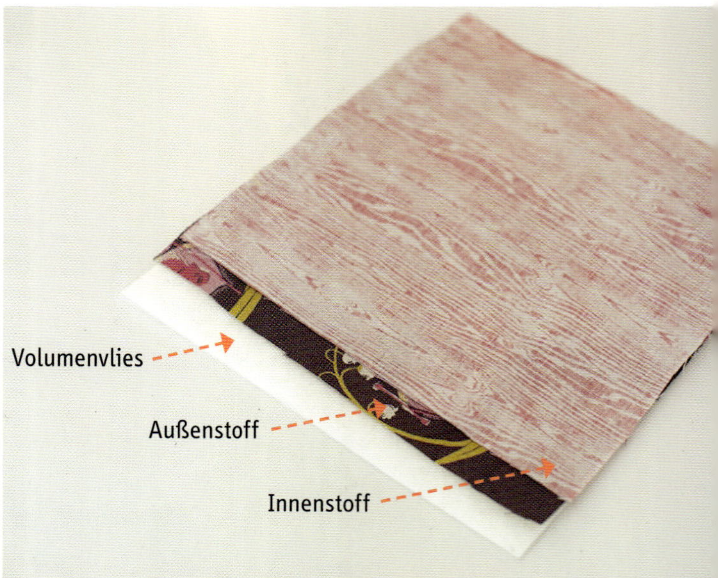

Von diesen Stoffschälchen kann man nie genug haben. Du kannst darin **Ketten, Ringe, kleine Schätze oder deine Näh-utensilien** aufbewahren.

Und so geht's

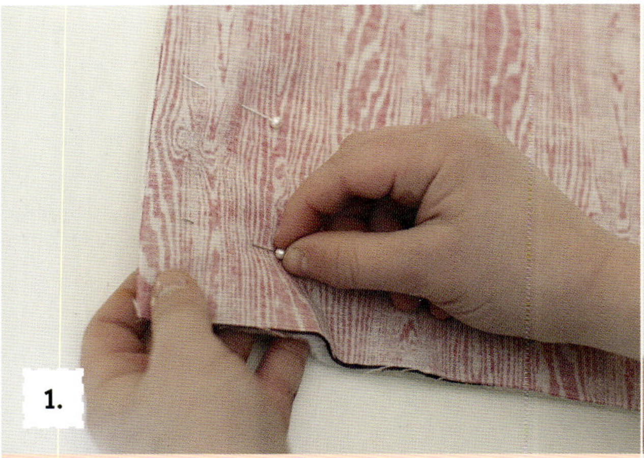

1.

Lege die Kanten aller Stofflagen genau aufeinander und fixiere die Lagen mit Stecknadeln.

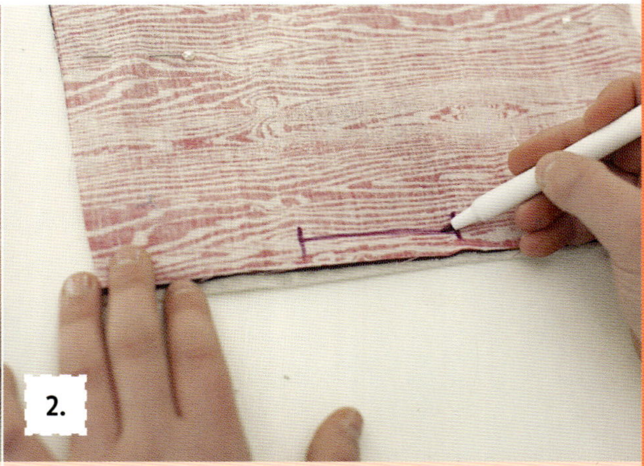

2.

Zeichne mit Trickmarker an einer Seite eine 8 cm lange Wendeöffnung ein.

3.

Jetzt steppst du die vier Seiten füßchenbreit ab. Die Wendeöffnung lässt du offen. Achte darauf, dass du an den Ecken die Nadel im Stoff stecken lässt, wenn du den Stoff neu ausrichtest. Mache am Anfang und am Ende jeder Naht einige Rückstiche.

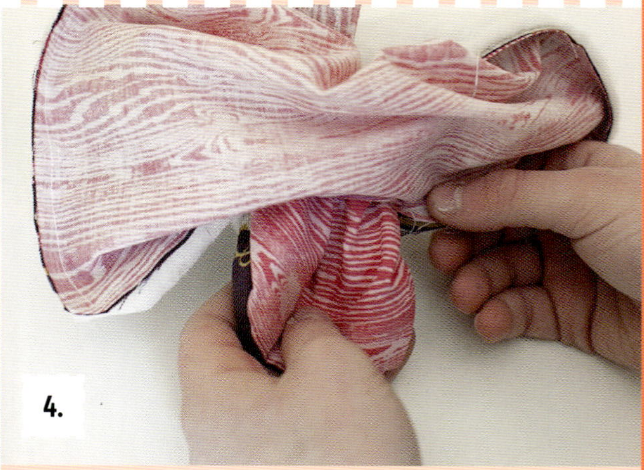

4.

Schneide die Nahtzugaben an den Ecken bis dicht vor die Naht schräg ab. Wende die Stoffschale so, dass das Volumenvlies innen bleibt.

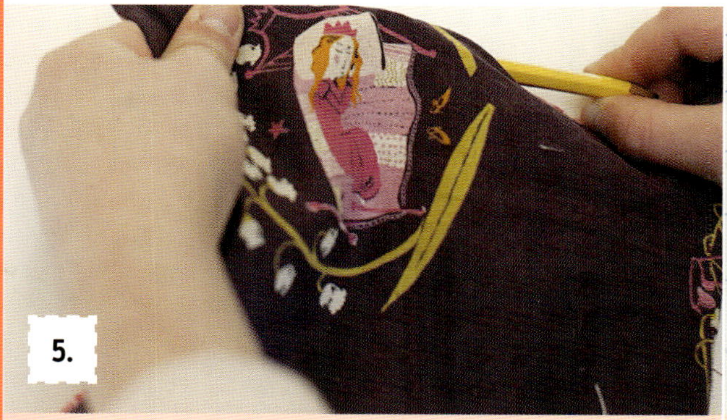

5.

Drücke mit dem Ende eines Bleistifts die Ecken vorsichtig heraus.

6.

Falte die Nahtzugaben an der Wendeöffnung nach innen und fixiere sie mit Stecknadeln. Dann kannst du alles bügeln.

7.

Steppe die vier Seiten ca. 0,5 cm von der Kante entfernt mit geradem Stich ab. Schließe dabei die Wendeöffnung.

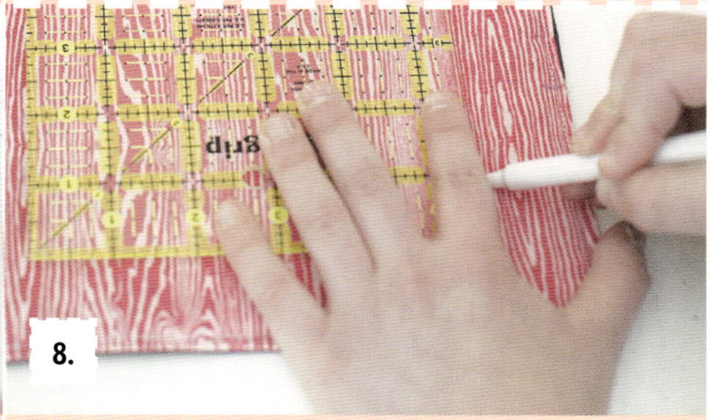

8.

Zeichne mit dem Trickmarker auf dem Innenstoff mittig ein 15 cm x 15 cm großes Quadrat ein. Am einfachsten geht es mit einem Patchworklineal. Du kannst aber auch ein normales Lineal benutzen.

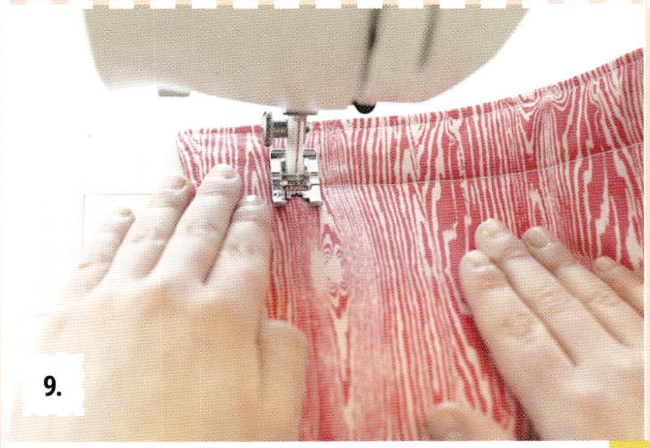

9.

Nähe mit geradem Stich entlang der Linien des Quadrats.

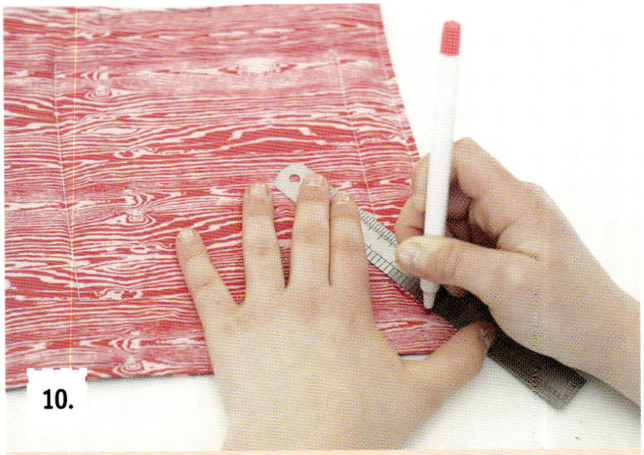

10.

Zeichne mit Trickmarker und Lineal eine Linie von einer der äußeren Ecken zur nächstgelegenen Ecke des Innenquadrats. Wiederhole den Schritt an den drei anderen Ecken.

11.

Falte die Ecken wie auf dem Foto gezeigt entlang der eingezeichneten Linien. Achte darauf, dass die oberen Kanten genau aufeinandertreffen. Fixiere die Falten mit Stecknadeln.

12.

Denke dir eine Linie von der Ecke am Boden der Schale nach oben zur Kante. Markiere die Mitte dieser Linie auf der Außenseite der Schale mit Trickmarker.

13. & 14.

Fädle Zwirn in eine Nähnadel ein. Stich an der Markierung durch die gefaltete Ecke und wieder zurück. Lass beide Enden des Zwirns lang hängen und mache einen festen Doppelknoten, der die Ecke gut zusammenhält.

Stich mit der Nadel von unten durch ein Knopfloch und durch das andere wieder zurück. Danach stichst du durch die Ecke.

15.

Jetzt kommt der Knopf auf der anderen Seite dran. Stich mit der Nadel von unten durch ein Knopfloch und durch das zweite wieder zurück. Dann stichst du wieder durch die Ecke.

16.

Verknote die Fadenenden hinter dem Knopf und schneide die Enden ab. Wiederhole Schritt 13–16 an den übrigen Ecken.

Die Stoffschale macht sich gut auf Nachttisch oder Kommode und ist auch ein tolles Geschenk!

Geldbörse mit Klunkerknopf

Größe: 10 cm x 11 cm

Du brauchst

- Außenstoff: festen Baumwollstoff oder Dekostoff, 15 cm x 100 cm für die 3 Außenstoffteile und die Laschenteile
- Futter: Baumwollstoff, 15 cm x 60 cm für 2 Teile
- Knopf oder Klunkerohrring, ø ca. 3 cm
- Druckknopf
- Heißklebepistole
- Nähmaschine
- Nähzubehör (Seite 12 und 14)

Techniken

- Schnittmuster benutzen (Seite 18)
- Bügeln (Seite 22)
- Heißklebepistole verwenden (Seite 22)
- Knappkantig nähen (Seite 23)
- Ecken nähen (Seite 23)

Vorbereitung

Schnittmuster Seite 167

1. Schneide aus dem Außenstoff drei je 12 cm x 24 cm große Teile aus.
2. Schneide aus dem Futterstoff zwei je 12 cm x 24 cm große Teile aus.
3. Schneide mithilfe des Schnittmusters zwei Laschenteile aus dem Außenstoff aus.

Fast zu schade, um sie in einer Tasche verschwinden zu lassen. **Der Klunkerknopf auf der Geldbörse ist ein echter Hingucker!**

Und so geht's

Die Lasche mit Druckknopf verwahrt den wertvollen Inhalt deiner Geldbörse sicher.

LASCHE

1.

Stecke die beiden Laschenteile rechts auf rechts aufeinander.

2.

Steppe die Kanten füßchenbreit ab. Lass die schmale Seite zum Wenden offen.

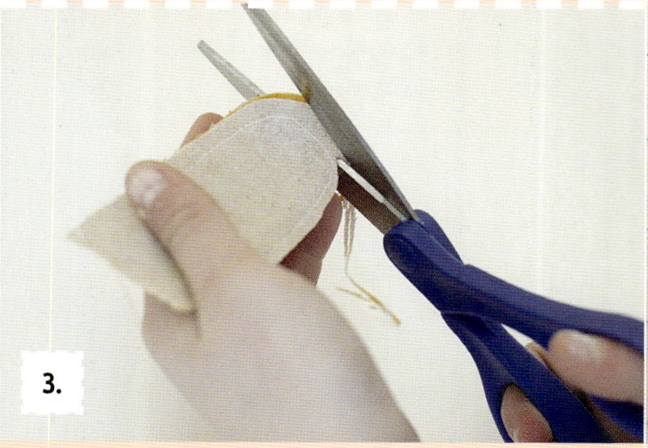

3.

Schneide die Nahtzugabe an der Rundung bis dicht vor die Naht zurück.

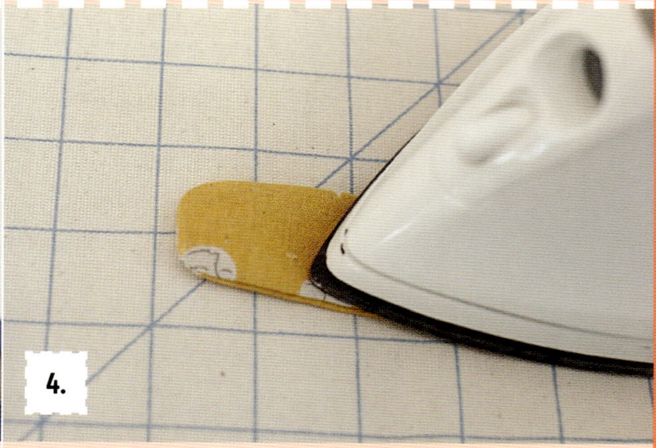

4.

Wende und bügle die Lasche.

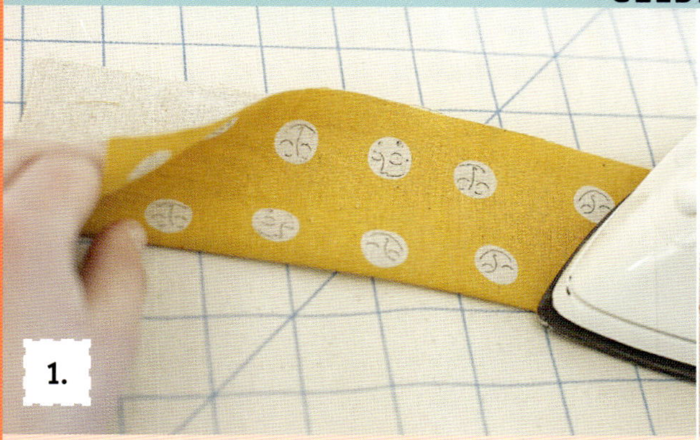

1.

Für die Innentasche faltest du ein Teil des Außenstoffs der Länge nach mittig. Die schöne Seite ist außen. Bügle das Ganze.

2.

Steppe den gebügelten Stoffbruch füßchenbreit ab.

GERADE NÄHEN

Nähe diese Naht sehr gerade, sie wird später sichtbar sein. Du kannst die Nahtlinie vorher mit Trickmarker einzeichnen.

3.

Halbiere das Taschenteil in der Breite und bügle es.

4.

Stecke das geöffnete Taschenteil rechts auf rechts mit der offenen Kante an ein Außenteil.

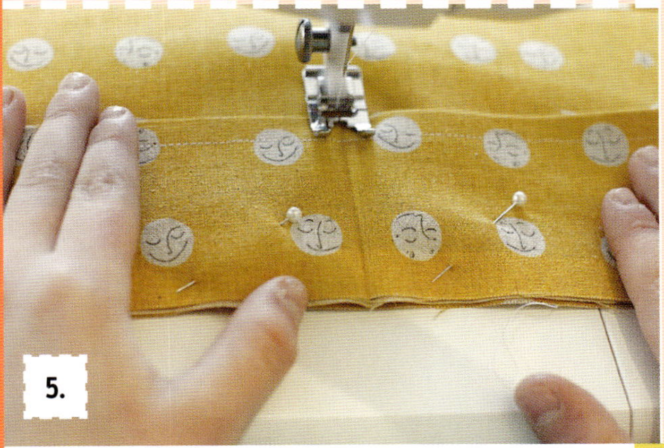

5.

Steppe die Bügelfalte mit geradem Stich ab. Mache am Anfang und am Ende der Naht jeweils einige Rückstiche.

Lege das Außenteil mit der Tasche und ein Futterteil rechts auf rechts aufeinander und fixiere die Lagen an der langen Seite ohne Tasche mit Stecknadeln.

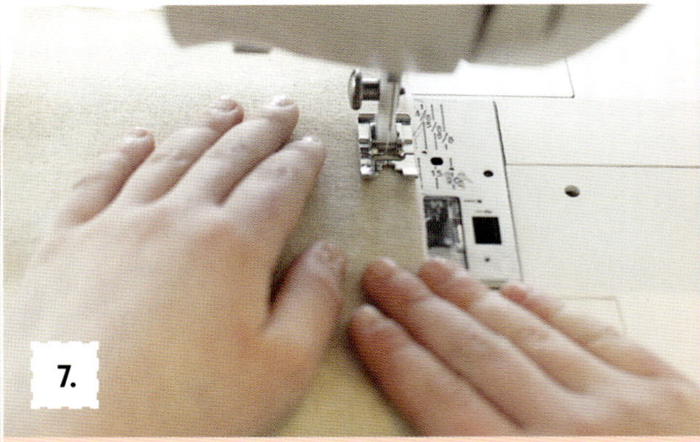

Steppe die zusammengesteckte Seite füßchenbreit ab.

Falte die Stoffe auseinander und bügle die Naht. Wiederhole Schritt 6 und 7 mit dem anderen Außen- und Futterteil.

Stecke die Lasche mittig wie auf dem Foto gezeigt auf eine schmale Seite des Außenteils.

FERTIGSTELLEN

Lege die beiden Teile der Geldbörse rechts auf rechts aufeinander, sodass Futter auf Futter und Außenstoff auf Außenstoff liegt. Achte darauf, dass auch die Nähte genau aufeinandertreffen, und fixiere die Lagen rundum mit Nadeln.

Zeichne an der langen Seite des Futterstoffs eine 5 cm lange Wendeöffnung ein.

Steppe alle Seiten mit geradem Stich füßchenbreit ab. Lass die Wendeöffnung offen. Sichere Anfang und Ende jeder Naht mit einigen Rückstichen.

Wende deine Geldbörse und bügle sie schön glatt.

5.

Bügle die Nahtzugaben an der Wendeöffnung nach innen und steppe die Öffnung knappkantig ab.

6.

Schiebe das Futter in die Geldbörse und bügle die Kanten.

7.

Markiere mithilfe des Schnittmusters für die Lasche auf dem Außenstoff und auf der Lasche die Stellen, wo der Druckknopf angebracht wird.

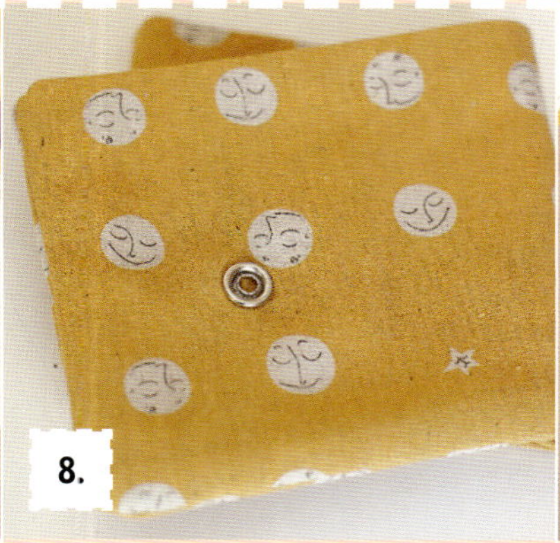

8.

Bringe den Druckknopf an. Beachte die Herstelleranleitung und lass dir am besten von einem Erwachsenen helfen.

9.

Klebe den Knopf mit Heißkleber auf der Lasche über dem Druckknopf an.

Ta-da! Fertig ist deine Geldbörse. Dein Taschengeld ist hier bestens aufgehoben.

Schmucke Deko

Vogelkissen

Du brauchst

- Vorderseite: naturbelassenen Baumwollstoff oder Segeltuch, ca. 50 cm x 50 cm
- Rückseite: gemusterten Baumwollstoff, ca. 50 cm x 50 cm
- Stoffmalfarbe in Hellblau, Rosa, Rot, Gelb und Schwarz
- Pinsel und Malpalette
- Füllwatte
- Nähmaschine
- Nähzubehör (Seite 12 und 14)

Techniken

- Schnittmuster verwenden (Seite 18)
- Überwendlingsstich (Seite 20)
- Bügeln (Seite 22)

Vorbereitung

Schnittmuster Seite 168 und 169

1. Wasche und trockne den naturbelassenen Baumwollstoff. Bügle den Stoff nach dem Trocknen schön glatt.

2. Vergrößere die beiden Teile des Schnittmusters auf 125%, schneide sie aus und klebe sie an der gepunkteten Linie zusammen. Lege das Schnittmuster auf den Stoff und lass zu allen Stoffkanten ca. 8 cm Abstand. Umfahre das Schnittmuster mit Trickmarker.

3. Schneide die Vorlage von Flügel und Kopfteil aus und zeichne die Flügel- und die Kopflinie mit Trickmarker auf den Stoff.

Das handbemalte Vogelkissen ist eine tolle Deko für dein Zimmer. Probiere auch andere Motive aus. Wie wäre es z. B. mit einem Fisch- oder einem Apfelkissen? Zeichne deinen Entwurf auf Papier auf und verwende ihn als Schnittmuster.

Und so geht's

Das fertige Kissen hat dieselbe Form wie der Vogel. Der weiße Rand rahmt den Vogel künstlerisch ein.

1.

Male den Vogel mit Stoffmalfarbe auf den Baumwollstoff. Beachte dabei die Herstelleranleitung. Trage die Farbe nicht zu dick auf und lass sie 24 Stunden trocknen.

2.

Zeichne mit Lineal und Bleistift ca. 8 cm von der Außenlinie des Vogels eine Linie ein.

3.

Schneide den Vogel entlang der Bleistiftlinie aus.

4.

Lege die ausgeschnittene Vorderseite des Kissens mit dem gemalten Vogel nach unten auf die rechte Seite des Rückteilstoffs, stecke die Stoffteile aufeinander und schneide das Rückteil aus.

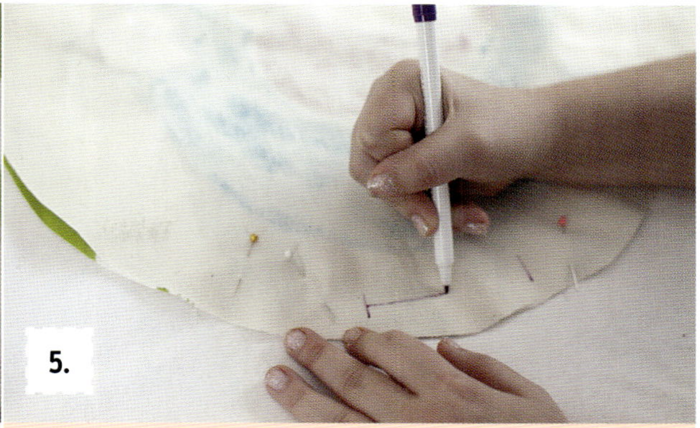

5.

Zeichne an der Unterseite des Vogels mit Trickmarker eine 8 cm lange Wendeöffnung ein.

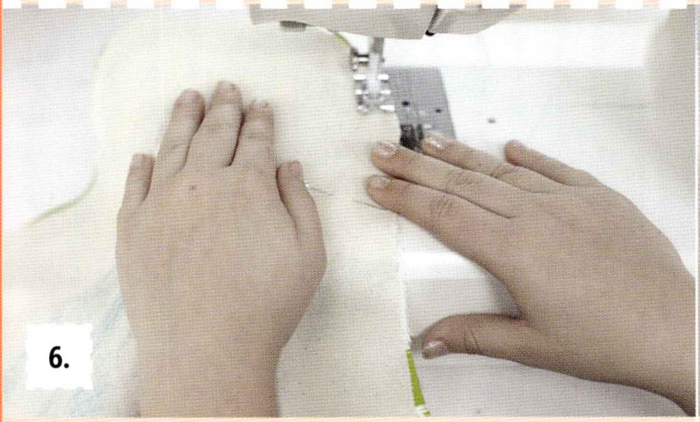

6.

Steppe Vorder- und Rückteil füßchenbreit ab. Lass dabei die Wendeöffnung offen und sichere Anfang und Ende jeder Naht mit einigen Rückstichen. Schneide die Nahtzugaben an den Rundungen mehrfach bis kurz vor die Naht ein.

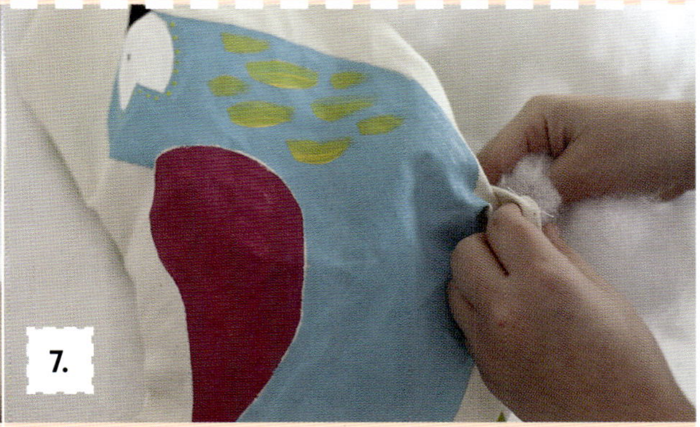

7.

Wende dein Kissen. Jetzt kannst du es mit Füllwatte ausstopfen, bis es schön füllig ist. Nimm immer nur eine kleine Menge Watte. Mit dem Ende eines Kochlöffels kannst du die Watte in alle Ecken schieben.

8.

Nähe die Wendeöffnung mit Überwendlingsstichen zu. Schneide die Fäden ab und verknote die Enden.

Fertig!

Gerahmte Leckerei

Größe: ca. 15,5 cm

Du brauchst

Für eine gerahmte Leckerei

- naturbelassenen Baumwollstoff oder Segeltuch, ca. 21 cm x 21 cm
- Baumwollstoffreste in 3 verschiedenen Mustern
- Vliesofix
- Baumwollband, ca. 20 cm lang
- Stickrahmen aus Holz, ø 15,5 cm
- Nähmaschine
- Nähzubehör (Seite 12 und 14)

Techniken

- Schnittmuster verwenden (Seite 18)
- Vliesofix verarbeiten (Seite 19)
- Bügeln (Seite 22)

Vorbereitung

Schnittmuster für Cupcake und Pilz auf Seite 168 und 169

1. Übertrage alle Teile für Cupcake oder Pilz mithilfe der Schnittmuster auf die Papierseite des Vliesofix.
2. Schneide die Teile aus Vliesofix aus und bügle sie mit der rauen Seite auf die drei Stoffreste. Beachte die Herstelleranleitung.
3. Schneide alle Teile aus.

Und so geht's

1. Ziehe an den ausgeschnittenen Teilen das Papier des Vliesofix ab.

2. Lege die drei Teile mit der Klebeseite nach unten in die Mitte des Stoffes und bügle sie fest.

Eingerahmt! Sieht dieser leckere Cupcake im Rahmen nicht wie ein richtiges Kunstwerk aus? Und deine Stoffreste kommen auch wieder zu neuen Ehren!

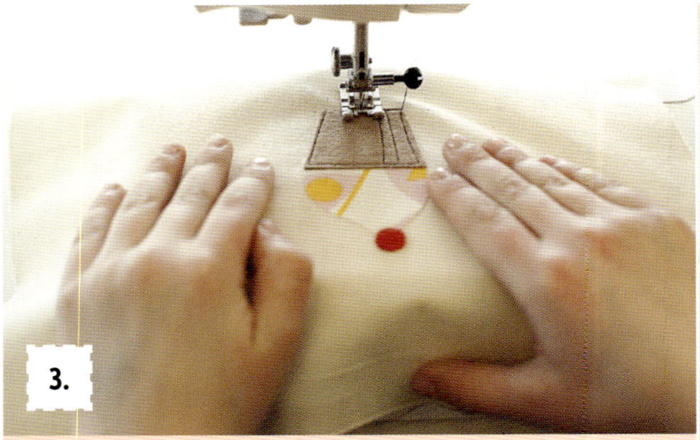

3.

Verwende schwarzes Garn für Nähmaschine und Unterfaden. Nähe mit geradem Stich dicht an den Kanten des Cupcakes. Auf der Papiermanschette kannst du fünf bis sechs senkrechte „Falten“ aufsteppen. Es sieht auch schön aus, wenn du einige Linien doppelt nähst.

4.

Lege den Stoff auf den inneren Ring des Stickrahmens, sodass der Cupcake in der Mitte sitzt. Öffne am äußeren Ring die Schraube ein wenig, damit du den äußeren Ring mit der Schraube nach oben zeigend auf den inneren Ring mit dem Stoff setzen kannst.

5.

Ziehe vorsichtig am Stoff, damit er schön glatt im Rahmen sitzt, und drehe die Schraube am äußeren Ring zu.

6. & 7.

Wenn alles richtig sitzt, kannst du den überstehenden Stoff rund um den Rahmen abschneiden.

Knote ein Band an der Schraube fest und hänge deine gerahmte Leckerei auf.

Auch der lustige Pilz hat sich in ein Kunstwerk verwandelt. Ab damit an die Wand!

BRAUCHT ETWAS ÜBUNG

Dein Kissen

Größe: 50 cm x 50 cm

Du brauchst

- gemusterten Baumwollstoff oder Dekostoff, 140 cm breit, 55 cm lang
- Filz in Schwarz, 20 cm x 28 cm
- Kissen, 50 cm x 50 cm
- Vliesofix, 20 cm x 28 cm
- Filzstift in Schwarz
- Digitalkamera
- Computer und Drucker
- Nähmaschine
- Nähzubehör (Seite 12 und 14)

Techniken

- Vliesofix verarbeiten (Seite 19)
- Überwendlingsstich (Seite 20)
- Bügeln (Seite 22)
- Ecken nähen (23)

Vorbereitung

1. Stelle dich vor einen weißen Hintergrund und bitte eine Freundin oder deine Eltern, ein Foto von dir zu machen. Das Foto sollte dein Profil bis zur Brust zeigen.

2. Vergrößere das Foto am Computer, sodass es etwa auf ein Blatt A4-Papier passt. Das Foto von dir sollte ca. 24–25 cm hoch sein und den größten Teil des A4-Papiers bedecken. Drucke das Foto in Schwarzweiß auf normalem weißen Papier aus.

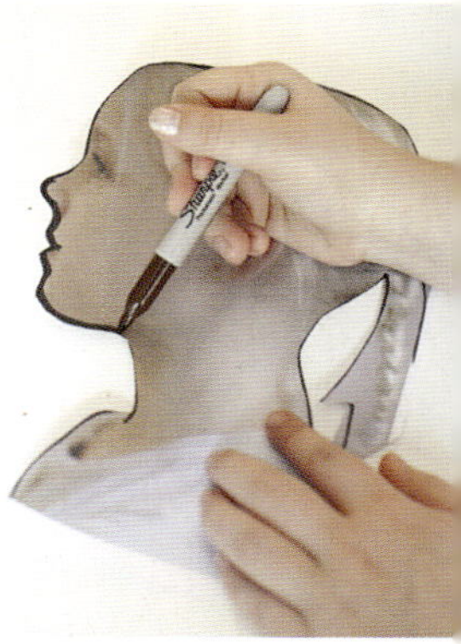

3. Fahre mit dem schwarzen Filzstift deine Konturen auf dem Ausdruck nach. Zeichne vor allem am Gesicht die Linien sorgfältig nach, damit dir dein Profil ähnlich sieht.

4. Schneide die Konturen mit einer Papierschere aus. Arbeite vor allem am Gesicht sorgfältig, lass dir evtl. von einem Erwachsenen helfen. Das ist jetzt dein Schnittmuster.

5. Schneide aus dem Stoff ein 52 cm x 52 cm großes Teil für die Vorderseite aus.

6. Schneide für das Rückteil des Bezugs zwei je 39 cm x 52 cm große Stoffteile aus.

Kissen-Familie! Warum machst du dir nicht gleich mehrere Kissen? So kannst du dir eine richtige Kuschelecke einrichten!

Und so geht's

Die Filzsilhouette wird ganz einfach auf den Stoff gebügelt.

SILHOUETTE

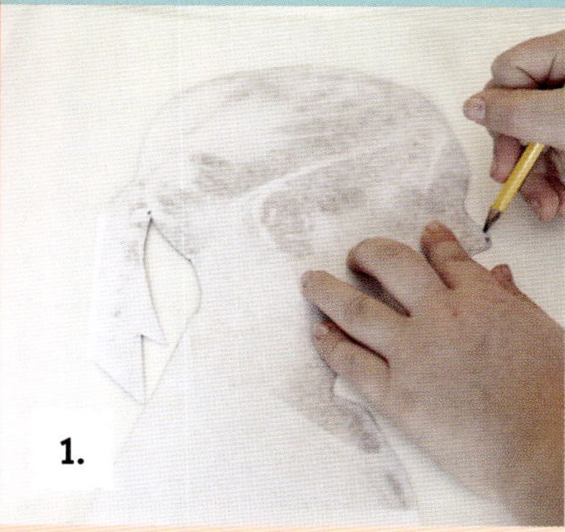

1.

Lege das Schnittmuster von deinem Profil mit dem Gesicht nach unten auf die Papierseite des Vliesofix. Umfahre das Schnittmuster vorsichtig mit einem Bleistift.

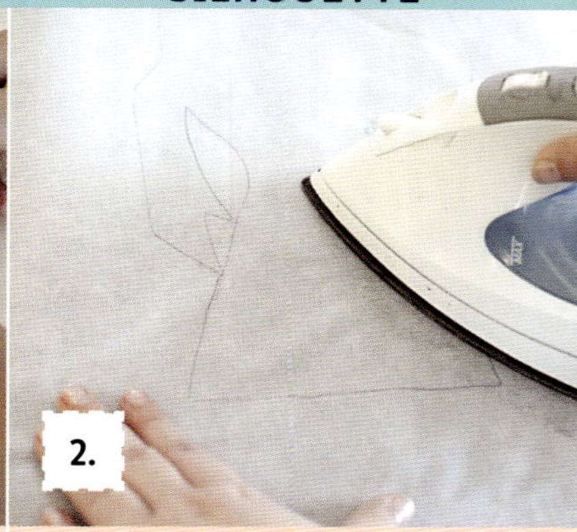

2.

Lege das Vliesofix mit der rauen Seite nach unten auf den schwarzen Filz. Bügle das Vliesofix nach Herstelleranleitung auf.

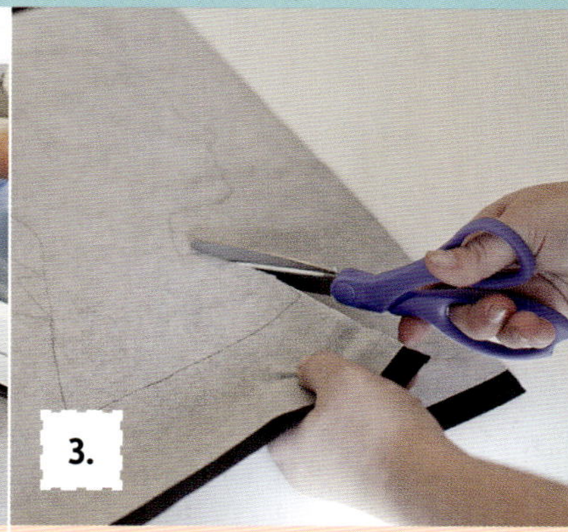

3.

Schneide dein Profil vorsichtig mit der Stoffschere aus.

KISSEN

1.

Ziehe das Papier des Vliesofix ab und lege dein Filzprofil mit der Klebeseite nach unten mittig auf das Vorderteil des Kissenbezugs.

2.

Bügle an einem der Rückteile des Bezugs eine lange Seite erst 1 cm und dann noch einmal 1 cm nach links um. Wiederhole den Schritt an dem anderen Rückteil des Bezugs.

3.

Steppe den Bügelumschlag an den beiden Rückteilen des Bezugs knappkantig ab.

4.

Fädle schwarzes Garn an der Nähmaschine (Ober- und Unterfaden) ein. Steppe das Filzprofil rundum dicht an den Kanten ab.

5.

Lege das Vorderteil des Bezugs mit der schönen Seite nach oben. Dann legst du ein Rückteil mit der schönen Seite nach unten auf die rechte Seite des Vorderteils, der abgesteppte Umschlag zeigt zur Mitte. Achte darauf, dass alle Stoffkanten aufeinanderliegen. Lege dann das andere Rückteil genauso auf die linke Seite des Vorderteils. Die Rückteile überlappen in der Mitte.

6.

Fixiere alle Stofflagen rundherum mit Nadeln.

7.

Steppe alle Seiten des Kissenbezugs rundherum füßchenbreit ab. Mache am Anfang und am Ende der Naht einige Rückstiche.

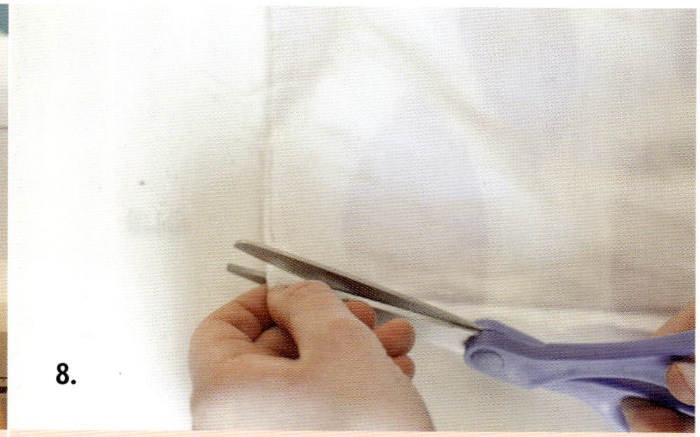

8.

Schneide die Nahtzugabe an den Ecken bis dicht vor die Naht ab.

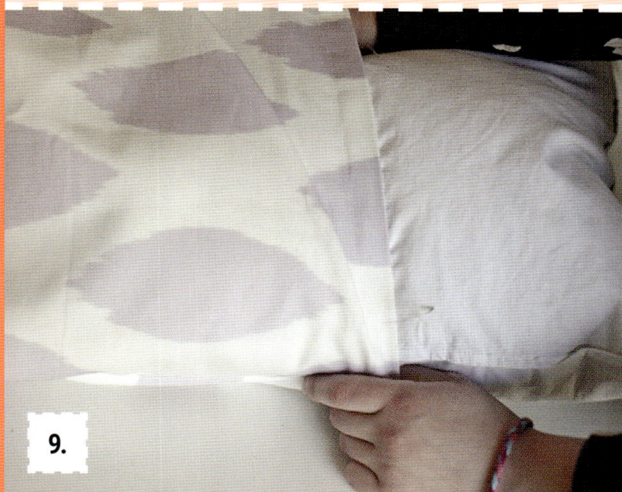

9.

Wende den Bezug und drücke die Ecken mit dem Ende eines Bleistifts heraus. Kissen hinein, fertig!

Du liebst Hunde oder Katzen?
Auch eine Silhouette von deinem Lieblingstier macht sich gut auf deinem Kissen.

Namen-Girlande

Du brauchst

- Baumwollstoff in verschiedenen Mustern, 2 x 20 cm x 25 cm (für 1 Buchstaben)
- Filz in Schwarz, 13 cm x 13 cm (für 1 Buchstaben)
- Vliesofix, 30 cm x 50 cm (für 6 Buchstaben)
- vorgefalztes Schrägband, 3 m lang
- Nähgarn in Rot
- Nähmaschine
- Nähzubehör (Seite 12 und 14)

Techniken

- Vliesofix verarbeiten (Seite 19)
- Bügeln (Seite 22)

Vorbereitung

1. Schneide pro Fähnchen zwei jeweils 20 cm x 25 cm große Stoffteile aus.
2. Die Schnittmuster für die Buchstaben erstellst du am Computer. Wähle eine passende Schriftart (z. B. Arial Black) und Schriftgröße (z. B. 400). Lass dir von einem Erwachsenen helfen. Drucke die Buchstaben aus.
3. Schneide die Buchstaben aus.

4. Lege die Buchstaben spiegelverkehrt auf die Papierseite des Vliesofix und umfahre sie rundherum mit einem Bleistift.

Ob als **Begrüßung für die Gartenparty oder als Banner über deinem Bett:** Die Namen-Girlande ist eine tolle Deko.

Vorbereitung – Fortsetzung

5. Bügle das Vliesofix nach Herstelleranleitung mit den aufgezeichneten Buchstaben auf den schwarzen Filz.

6. Schneide die Buchstaben aus.

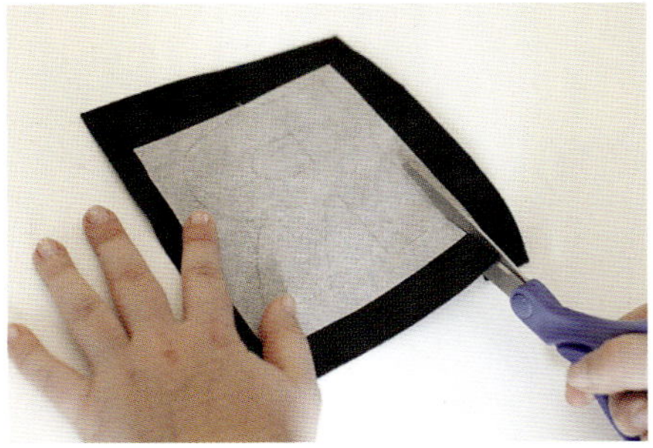

HERZEN UND STERNE

Wenn du einen kurzen Namen hast wie z. B. Tim oder Mia, kannst du für den Anfang und das Ende der Girlande ein Fähnchen mit einem Herz oder Stern machen, um die Girlande zu verlängern.

Und so geht's

1.

Lege einen Buchstaben mittig in die untere Hälfte eines Stoffrechtecks. Ziehe das Vliesofix-Papier ab und bügle den Buchstaben auf den Stoff. Mache dasselbe mit allen weiteren Buchstaben.

2.

Steppe die Buchstabenränder mit schwarzem Garn knappkantig ab.

3.

Stecke das Stoffrechteck für die Rückseite des Fähnchens mit der schönen Seite auf das Stoffrechteck mit dem Buchstaben.

4.

Steppe drei Seiten füßchenbreit ab. Lass die Oberseite offen. Achte darauf, dass der Buchstabe nicht auf dem Kopf steht. Sichere Nahtanfang und -ende mit Rückstichen.

5.

Schneide die Nahtzugaben an den Ecken ab und wende das Fähnchen. Drücke die Ecken heraus und bügle sie. Wiederhole Schritt 2–5 mit allen Fähnchen.

6.

Markiere mithilfe eines Lineals mit Bleistift eine gerade Linie an der Oberseite aller Fähnchen. Schneide den Überstand mit der Schere ab.

7.

Lege die Fähnchen in der richtigen Reihenfolge auf den Tisch. Öffne das vorgefalzte Schrägband und schiebe die Oberseiten der Fähnchen in gleichmäßigen Abständen hinein. Fixiere alles mit Stecknadeln.

8.

Fädle rotes Garn in die Nähmaschine ein. Steppe die offene Seite des kompletten Schrägbands knappkantig ab. Achte darauf, dass du alle Fähnchen mitnähst. Sichere Anfang und Ende der Naht mit einigen Rückstichen.

Schneide Fäden und Enden der Einfassung sauber ab.

Statt Buchstaben kannst du auch Weihnachts- oder Halloweenmotive auf die Girlande nähen.

BRAUCHT ZEIT

Stoffreste-Vogel

Größe: ca. 23 cm x 23 cm

Du brauchst

- naturbelassenen Baumwollstoff oder Segeltuch, 50 cm x 50 cm (Die Größe bemisst sich nach dem Rahmen, den du deinem Vogel geben möchtest. Achte darauf, dass der Rahmen bzw. das Passepartout später den ganzen Stoff abdeckt.)
- Baumwollstoffe in 3 verschiedenen Mustern, je 20 cm x 25 cm
- Baumwoll- oder Satinbandreste, ca. 3 cm breit
- Knopf, ø ca. 0,5 cm
- Vliesofix, ca. 25 cm x 25 cm
- Filzrest
- Bilderrahmen mit Passepartout in Weiß, 50 cm x 50 cm
- Nähmaschine
- Nähzubehör (Seite 12 und 14)

Halte auf Flohmärkten oder in Trödelläden Ausschau nach alten Bilderrahmen.

Techniken

- Schnittmuster verwenden (Seite 18)
- Vliesofix verarbeiten (Seite 19)
- Knopf annähen (Seite 21)
- Bügeln (Seite 22)

Vorbereitung

Schnittmuster Seite 170 und 171

1. Pause die Schnittmuster des Vogelkörpers ab, schneide sie aus und klebe sie an der gepunkteten Linie mit Klebeband zusammen. Übertrage das Muster des Vogelkörpers und des Flügels auf die Papierseite des Vliesofix.

2. Überlege dir, welche Stoffe du jeweils für Kopf, Schnabel, Körper und Flügel verwenden möchtest. Für den Flügel genügt ein einfarbiger Stoff, er wird mit Band verdeckt.

Was darf's denn sein? Du musst nicht unbedingt einen Vogel gestalten, du hast die Wahl: Wie wäre es z. B. mit einem Fisch, einem Elefant oder einer Katze? Auch die Größe des Bildes kannst du beliebig anpassen. Achte nur darauf, dass dein Stoff in den Bilderrahmen passt.

Vorbereitung – Fortsetzung

3. Bügle die Körperteile mit Vliesofix auf die Stoffreste, die du dir ausgesucht hast. Beachte die Herstelleranleitung. Schneide alle Körperteile aus und ziehe das Papier ab.

4. Bügle den Baumwollstoff und ordne Körper, Kopf und Schnabel des Vogels darauf mittig an. Bügle die Teile vorsichtig fest.

Und so geht's

1. Steppe die Ränder der einzelnen Körperteile knappkantig ab. Du kannst eine ähnliche Farbe oder eine Kontrastfarbe verwenden.

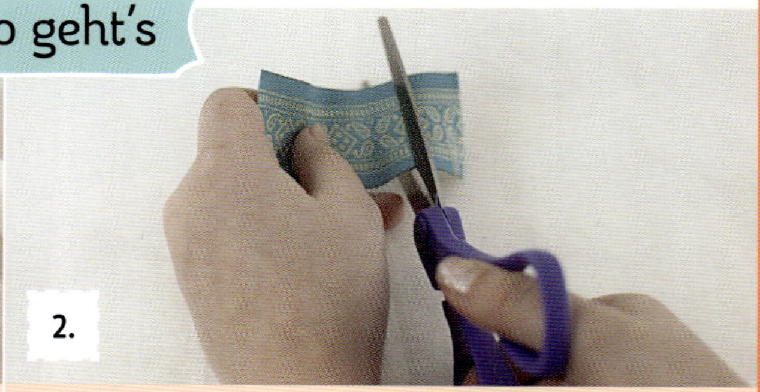

2. Jetzt kommt der Flügel dran. Du kannst einfach das ausgeschnittene Stoffteil verwenden. Einen tollen Effekt erzielst du, wenn du mehrere Lagen Band oder Filzreste, die du vorher einschneidest, aufnähst.

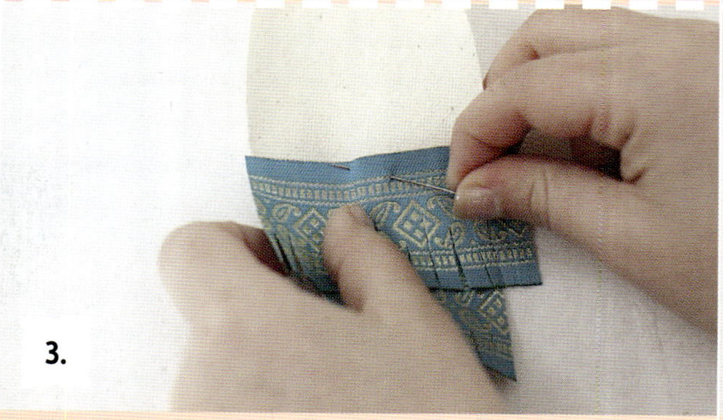

3. Stecke die eingeschnittenen Bänder auf das Flügelteil.

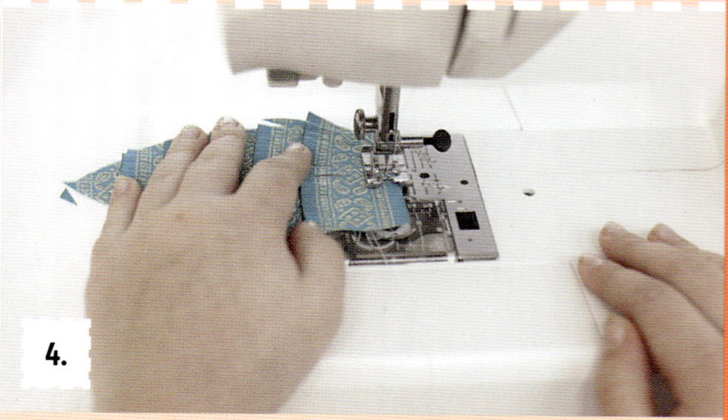

4. Nähe die Bänder Reihe für Reihe an. Nähe immer nur über das obere Ende. So sieht das untere Teil wie Federn aus.

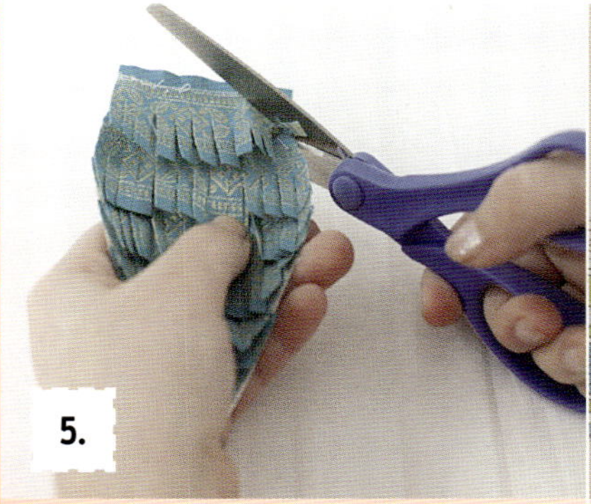

5.

Schneide die überstehenden Teile der Bänder ab, sodass man die Flügelform wieder erkennt.

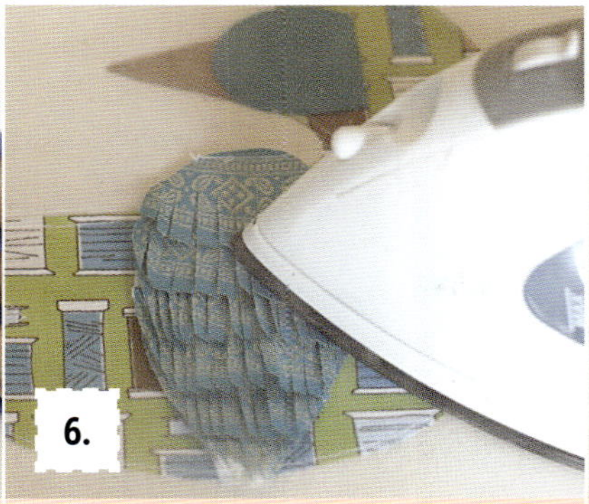

6.

Bügle den Flügel auf den Vogelkörper.

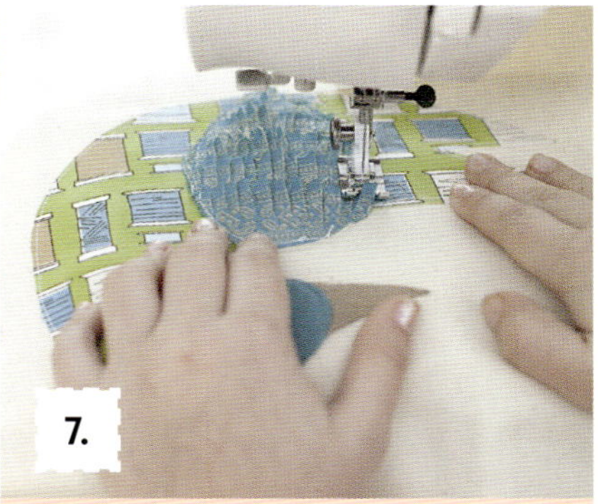

7.

Steppe den Flügel dicht an den Rändern ab.

8.

Zeichne mit Bleistift zwei Beine auf.

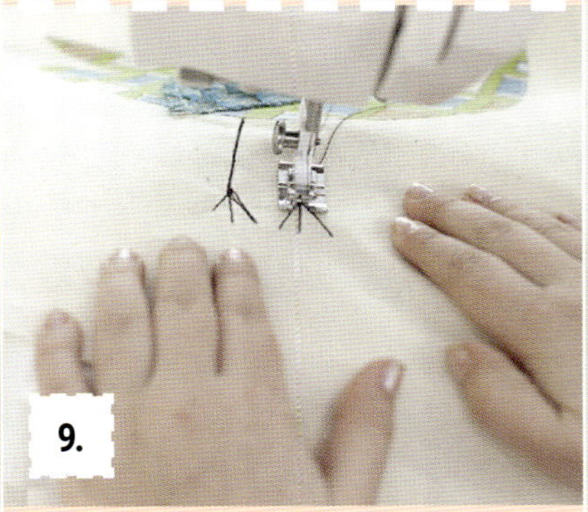

9.

Nähe mit schwarzem Garn und geradem Stich entlang der für die Beine eingezeichneten Linien.

10.

Nähe den Knopf als Auge mit der Hand an.

Eingerahmt!

1. Bügle den Stoff glatt, damit er sich gut rahmen lässt.

2. Wenn der Rahmen ein Passepartout hat, schneide den Baumwollstoff rundum 3–4 cm größer als das Passepartout zu. Klebe den Stoff mit Klebestreifen auf die Platte des Rahmens.

   Hat dein Rahmen kein Passepartout, schlägst du den Stoff um ein Stück Karton, das genau in den Rahmen passt, und klebst ihn auf der Rückseite fest.

Fertig ist dein Stoffreste-Vogel. Jetzt musst du ihn nur noch aufhängen.

Patchwork-Flagge

Größe: ca. 80 cm x 100 cm

Du brauchst

- Baumwollstoffe in 3 verschiedenen Mustern für die Streifen, je 40 cm x 100 cm
- Baumwollstoff in Grau-Weiß gepunktet für den Sternenuntergrund, 40 cm x 55 cm
- Baumwollstoff in Rot-Weiß gepunktet für die Rückseite der Decke, 140 cm breit, 100 cm
- Filz in Blau für die Sterne, ca. 65 cm x 65 cm
- Volumenvlies aus Baumwolle* für die Füllung, 80 cm x 100 cm
- Vliesofix, 65 cm x 65 cm
- Baumwollband-Reste in Rot, 2 cm breit
- Nähmaschine
- Nähzubehör (Seite 12 und 14)

* Volumenvlies gibt es auch aus Polyester. Das Vlies aus Baumwolle ist dünner, so wird die Flagge nicht zu dick.

Techniken

- Schnittmuster verwenden (Seite 18)
- Vliesofix verarbeiten (Seite 19)
- Bügeln (Seite 22)

Vorbereitung

Schnittmuster für die Sterne auf Seite 167

1. Schneide aus den gemusterten Baumwollstoffen 13 je 8 cm x 100 cm große Streifen zu: aus zwei Stoffen je vier Streifen und fünf Streifen aus dem dritten Stoff.

2. Schneide aus dem grau-weiß gepunkteten Stoff ein 40 cm x 52 cm großes Rechteck aus.

3. Schneide für die Rückseite der Flagge ein 100 cm x 120 cm großes Rechteck zu.

4. & 5. Zeichne mithilfe des Schnittmusters 50 Sterne auf die Papierseite des Vliesofix. Bügle das Vliesofix mit der rauen Seite auf die Rückseite des Filz.

6. Schneide alle Sterne aus.

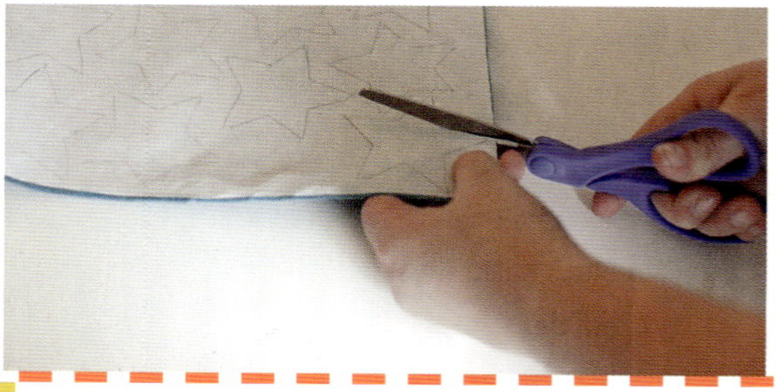

Amerika lässt grüßen! Du kannst natürlich auch Flaggen anderer Länder auf diese Weise nähen. Oder eine Fantasieflagge?

Und so geht's

VORDERSEITE

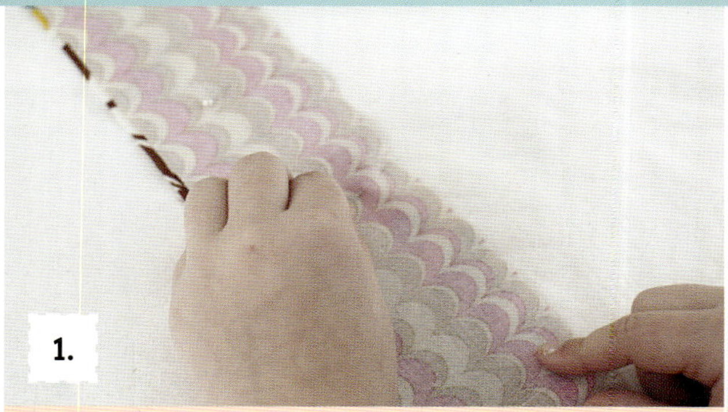

1.

Überlege dir eine Reihenfolge für die Stoffstreifen. Stecke die beiden ersten rechts auf rechts zusammen.

2.

Nähe die beiden Streifen an einer langen Seite füßchenbreit zusammen.

3.

Lege die Streifen auseinander und bügle die Naht.

4.

Nähe den nächsten Streifen rechts auf rechts auf.

5.

Wiederhole Schritt 1–4, bis du alle 13 Streifen aneinandergenäht hast.

6.

Bügle an dem grau-weiß gepunkteten Stoffrechteck alle vier Seiten 1 cm auf die linke Stoffseite.

7.

Ziehe das Vliesofix-Papier an den Sternen ab.

8.

Lege die 50 Sterne auf den grau-weiß gepunkteten Stoff. Lass zwischen den Sternen und dem Stoffrand ca. 2 cm Abstand. Ordne die Sterne etwas gedreht oder schräg an.

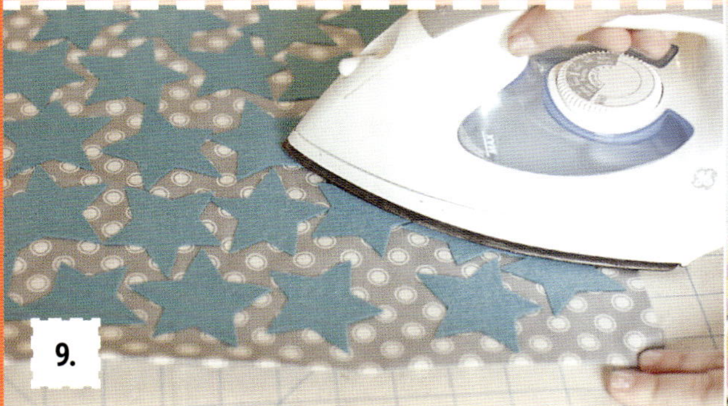

9.

Bügle die Sterne auf.

10.

Stecke das Sternenrechteck mit Nadeln in die obere linke Ecke der Vorderseite der Flagge.

11.

Nähe das Rechteck an allen vier Seiten knappkantig auf der Flaggenvorderseite auf.

FERTIGSTELLEN

Lege die Vorderseite der Flagge auf das Baumwollvlies. Schneide evtl. überstehende Ränder an dem Vlies ab.

Lege die Rückseite der Flagge mit der schönen Seite nach unten. Dann legst du Baumwollfüllung und Vorderseite mit der schönen Seite nach oben darauf. Zeichne mit Trickmarker rundherum 5 cm von den Kanten der Vorderseite der Flagge eine Linie auf die Rückseite. Schneide die Kanten der Rückseite entlang der Linie ab.

Falte eine Kante der Rückseite 2,5 cm nach innen. Auf der gegenüberliegenden Seite verfährst du genauso.

Falte beide Kanten erneut 2,5 cm um, sodass die Ränder der Vorderseite der Flagge verdeckt werden, und stecke sie fest.

5.

Wiederhole Schritt 3 und 4 an den beiden anderen Kanten. Bügle alle vier Kanten.

6.

Steppe die umgeschlagenen Kanten an der offenen Seite dicht am Rand ab.

7.

Lege zwei rote Bandreste zu Schlaufen und stecke die Aufhänger auf der Rückseite der Flagge an der oberen Kante fest.

8.

Nähe die beiden Schlaufen mit der Nähmaschine fest.

Jetzt kannst du die Patchwork-Flagge aufhängen. Oder lieber als kuschelige Decke benutzen?

BRAUCHT ZEIT

Buchstützen zum Anbeißen

Größe: ca. 23 cm hoch

Du brauchst

Für eine Buchstütze:

- Baumwollstoff in Grün-Weiß gepunktet, 50 cm x 90 cm
- Filz in Hellgrün, 30 cm x 30 cm
- Stickgarn in Hellgrün
- Füllwatte
- Reis für die Füllung, 900 g
- Nähmaschine
- Nähzubehör (Seite 12 und 14)

Techniken

- Schnittmuster verwenden (Seite 18)
- Überwendlingsstich (Seite 20)
- Heißklebepistole (Seite 22)

Vorbereitung

Schnittmuster für die Erdbeere Seite 172 und 173

1. Übertrage das Blatt sowie Teil A und B der Erdbeere so auf Seidenpapier, dass die beiden Teile an der gepunkteten Linie verbunden sind.

2. Falte den Baumwollstoff quer in der Mitte, sodass die Webkanten aufeinanderliegen. Stecke das Schnittmuster für die Erdbeere parallel zu einer schmalen Seite auf und schneide zwei Teilstücke aus. Wiederhole den Schritt zweimal für insgesamt sechs Teilstücke.

3. Falte den Filz hälftig. Stecke das Schnittmuster für das Blatt mit der gepunkteten Linie auf den Stoffbruch und schneide es aus.

4. Schneide aus Filz ein 4 cm x 10 cm großes Rechteck zu.

Diese fruchtigen Buchstützen bringen Farbe in dein Bücherregal und geben auch trockenem Lesestoff ordentlich Pepp.

Und so geht's

TEILSTÜCKE NÄHEN

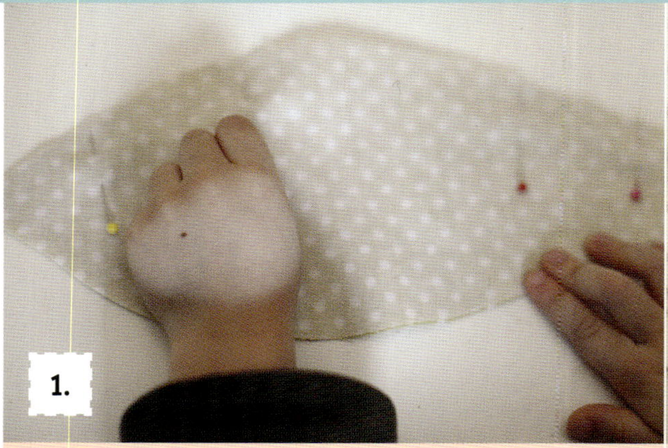

1.

2.

Lege zwei Erdbeer-Teilstücke rechts auf rechts aufeinander. Achte darauf, dass die Kanten genau aufeinanderliegen. Stecke die Stofflagen an einer Seite mit Nadeln zusammen.

Nähe eine Seite füßchenbreit zusammen. Näh langsam in der Kurve. Mache am Anfang und am Ende der Naht jeweils einige Rückstiche. Wiederhole die Schritte 1 und 2 mit zwei weiteren Teilen.

3.

Jetzt nähst du an jedes Paar aus Schritt 2 ein drittes Teilstück. Stecke das dritte Teil mit Stecknadeln rechts auf rechts auf eine Kante der schon zusammengenähten Teilstücke. Achte darauf, dass die breiten Oberseiten und die schmalen Unterseiten jeweils zusammenkommen. Nähe die Teile zusammen. Wiederhole den Schritt mit dem anderen Paar. Jetzt hast du zwei Hälften der Erdbeere.

4.

Für den Stängel rollst du das kleine Filzrechteck auf und sicherst es mit einer Stecknadel.

5.

Fädle grünes Stickgarn auf eine Sticknadel und verknote das Ende. Nähe die offene Kante mit Überwendlingsstich an den Stängel.

6.

Stecke den Stängel wie im Foto zu sehen mit einer Stecknadel auf den oberen Rand einer Erdbeerhälfte. Der Stängel liegt dabei auf der schönen Stoffseite und zeigt zur schmalen Unterseite.

7.

Stecke die beiden Erdbeerhälften rechts auf rechts aufeinander. Zeichne mit Trickmarker an der Oberseite der Erdbeere eine 5 cm lange Wendeöffnung ein.

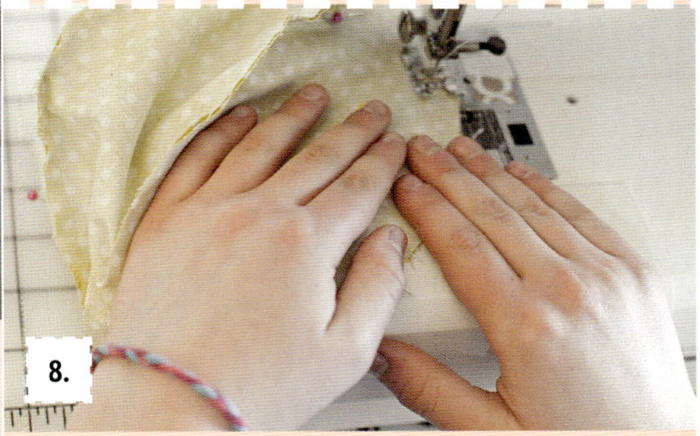

8.

Nähe die Erdbeerhälften füßchenbreit zusammen.

1.

Wende vorsichtig die Erdbeere. Jetzt kannst du sie mit Reis füllen. Das geht am besten zu zweit. Rolle ein A4-Blatt zu einem Trichter und lass den Reis langsam durch die Wendeöffnung in die Erdbeere rieseln.

2.

Fülle den Rest der Erdbeere mit Füllwatte. Nimm immer nur eine kleine Menge und stopfe die Erdbeere damit richtig prall aus.

3.

Fädle Zwirn auf eine Nähnadel und schließe die Wendeöffnung mit dem Überwendlingsstich.

4.

Falte das Filzblatt in der Hälfte und schneide mit der Schere einen 2–3 mm langen Schlitz in die Mitte.

5.

Ziehe den Stängel durch den Schlitz und schiebe das Filzblatt auf die Erdbeere.

6.

Klebe die Blattspitzen mit Heißkleber an die Erdbeere. Lass alles gut trocknen.

Die erste Erdbeere hast du geschafft. Mache gleich noch eine zweite und dann ab damit ins Bücherregal!

Zum Knuddeln

BRAUCHT ETWAS ÜBUNG

Edeltraut Eule

Größe: 28 cm x 33 cm

Du brauchst

- gemusterten Baumwollstoff oder dünnen Dekostoff in Rosa-Weiß gemustert für den Körper, 40 cm x 70 cm
- gemusterten Baumwollstoff für die Flügel, 18 cm x 18 cm
- Filzreste in Hellgrün (Flügel), Hellblau (innere Augen, Federn), Hellbraun (äußere Augen), Gelb (Schnabel) und Grau (Füße)
- 2 Knöpfe in Braun-Weiß, ø 1,5 cm–2 cm
- Füllwatte
- Nähmaschine
- Nähzubehör (Seite 12 und 14)

Techniken

- Schnittmuster verwenden (Seite 18)
- Überwendlingsstich (Seite 20)
- Knopf annähen (Seite 21)
- Bügeln (Seite 22)

Vorbereitung

Schnittmuster Seite 159–162

1. Vergrößere die Körperteile am Kopierer auf 150%, übertrage sie auf Seidenpapier und schneide sie aus. Klebe das obere und das untere Körperteil der Eule an der gepunkteten Linie mit Klebeband zusammen.
2. Falte den Stoff für den Körper so, dass die schönen Seiten aufeinanderliegen.
3. Stecke das Schnittmuster für den Körper auf den doppelt gelegten Stoff und schneide das vordere und das hintere Körperteil aus.
4. Schneide die beiden äußeren Augen aus hellbraunem Filz aus.
5. Schneide die beiden inneren Augen aus hellblauem Filz aus.
6. Schneide den Schnabel aus gelbem Filz aus.
7. Schneide zwei Fußteile aus grauem Filz aus.
8. Schneide die beiden Federteile aus hellblauem Filz aus.
9. Schneide die Flügel je zweimal aus Stoff und aus hellgrünem Filz aus.

Die süße Eule macht einfach gut Laune.
Edeltraut sitzt tagsüber gern auf deinem Bett oder auch in deinem Regal. Gegen Knuddeln hat sie aber auch nichts!

Und so geht's

KÖRPER

1.

TRICKKISTE

Wenn du einen Rest Vliesofix zur Hand hast, kannst du den Schnabel vor dem Nähen damit aufbügeln (siehe Seite 19).

Zuerst nähst du den Schnabel auf den Körper. Orientiere dich am Foto auf Seite 143, um den richtigen Platz dafür zu finden. Stecke den Schnabel fest und nähe ihn dicht an den Rändern auf.

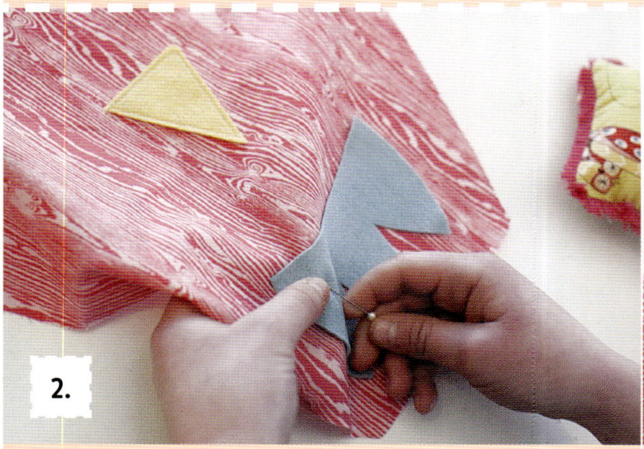

2.

Stecke die Federn mit den drei Spitzen ca. 5 cm unter dem Schnabel auf das vordere Körperteil.

3.

Nähe die Federn an der oberen Kante fest. Stecke die Federn mit zwei Spitzen etwas darüber fest und nähe sie genauso an.

4.

Lege Vorder- und Rückteil des Eulenkörpers rechts auf rechts und fixiere die Stofflagen mit Stecknadeln. Zeichne am Boden eine 8 cm lange Linie als Wendeöffnung ein.

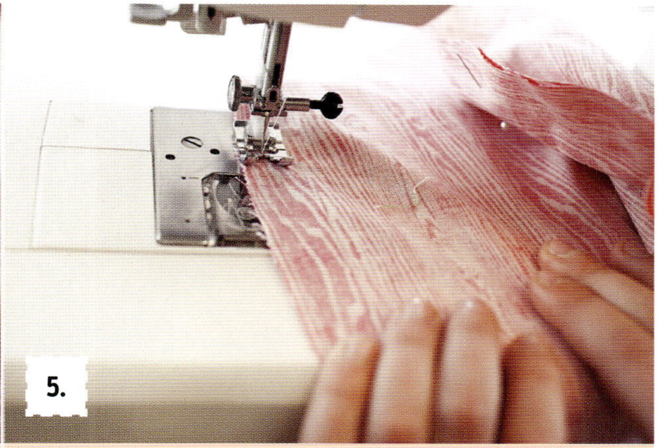

5.

Nähe Vorder- und Rückteil des Körpers füßchenbreit zusammen. Lass dabei die Wendeöffnung offen. Sichere Anfang und Ende jeder Naht mit einigen Rückstichen. Nähe vorsichtig die engen Rundungen an den Ohren. Sie sollen später spitz aussehen. Schneide die Nahtzugaben an den Rundungen mehrfach bis kurz vor die Naht ein.

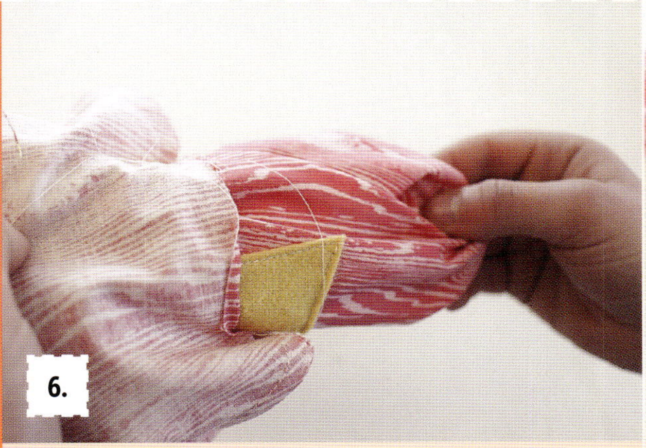

6.

Wende die Eule.

7.

Fülle die Eule mit Watte. Nimm immer nur eine kleine Menge auf einmal. Beginne an den Ohren.

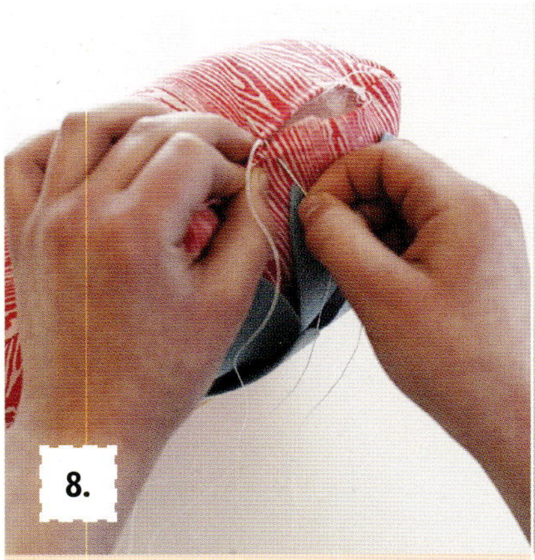

8.

Fädle farblich passendes Garn auf eine Nähnadel und schließe die Wendeöffnung mit Überwendlingsstichen.

9.

Schneide in die inneren und äußeren Augenkreise rundherum kurze Schlitze ein. Du kannst die Augenkreise aber auch ganz lassen.

10.

Lege jeweils einen äußeren und inneren Augenkreis sowie je einen Knopf aufeinander und nähe die Augen von Hand an den Eulenkopf.

FLÜGEL UND FÜSSE

1.

Lege jeweils ein Flügelteil aus Stoff und eins aus Filz rechts auf rechts aufeinander und fixiere die Stofflagen mit Stecknadeln.

2.

Nähe die beiden Flügel füßchenbreit zusammen. Lass die schmale Seite offen.

3.

Schneide die Nahtzugaben an den Flügelspitzen bis dicht an die Naht zurück. Wende und bügle die Flügel. Schlage die Nahtzugaben an der offenen Seite 0,5 cm nach innen und bügle sie auch.

4.

Stecke die beiden Flügel jeweils seitlich an den Eulenkörper. Fädle Garn in eine Nähnadel, verknote die Enden und nähe die Flügel von Hand fest. Jetzt sieht Edeltraut schon wie eine Eule aus, oder?

5.

Stecke die Füße an die Unterseite des Eulenkörpers. Sie sollten sich etwas überlappen. Fädle Zwirn in eine Nähnadel und nähe die Füße an den geraden Seiten an.

Gestatten, Edeltraut Eule!
Du kannst die Dame natürlich auch aus Filz und Stoffen in anderen Farben und Mustern nähen.

BRAUCHT ETWAS ÜBUNG

Pilz-Stübchen

Größe: ca. 13 cm

Du brauchst

- Filz in Hellgrün und Hellbraun, je 20 cm x 20 cm, sowie in Hellgrau, 12 cm x 20 cm
- Filzreste in Rot, Gelb und Hellblau
- Babysocke
- Füllwatte
- Reis für die Füllung
- Nähmaschine
- Heißklebepistole
- Nähzubehör (Seite 12 und 14)

Techniken

- Schnittmuster verwenden (Seite 18)
- Überwendlingsstich (Seite 20)
- Heißklebepistole verwenden (Seite 22)

Vorbereitung

Schnittmuster Seite 165, 166 und 171

1. Übertrage die Schnittmuster auf Seidenpapier.
2. Schneide mithilfe der Schnittmuster alle Teile in der jeweiligen Farbe aus. Schneide aus dem Pilzhutunterteil den Mittelkreis aus.

Und so geht's

STIEL

1. Stecke die Tür entsprechend der Markierung im Schnittmuster auf das Stielteil.

TRICKKISTE

Wenn du einen Rest Vliesofix zur Hand hast, kannst du alle Teile vor dem Nähen damit aufbügeln (siehe Seite 19).

Gestalte diese gute Stube ganz nach deinen Wünschen. Hier kannst du prima die Filzreste von anderen Projekten verarbeiten.

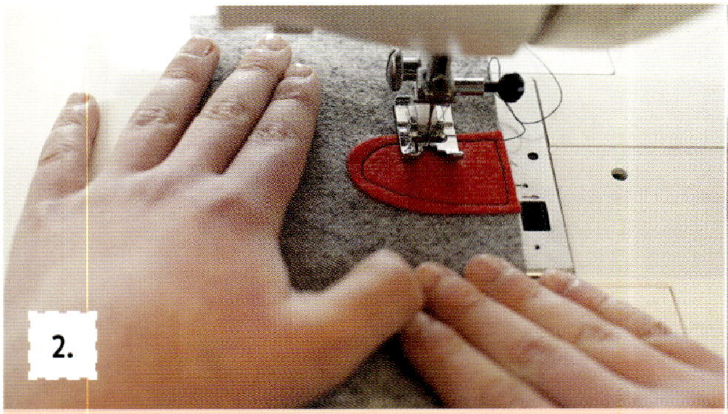

Steppe die Tür mit schwarzem Garn und dicht an den Kanten auf das Stoffteil für den Stiel. Wenn du möchtest, kannst du die Tür mit weiteren Nähten, wie auf dem Foto zu sehen, verzieren.

Nähe die Fenster wie in Schritt 2 für die Tür beschrieben, auf. Ein Fensterkreuz aus vertikaler und horizontaler Naht lässt die Fenster gemütlich aussehen.

Lege den Stiel quer zur Hälfte, sodass die schönen Seiten innen sind. Fixiere die Lagen mit Stecknadeln.

Nähe den Stiel an den schmalen Kanten füßchenbreit zusammen. Wende anschließend den Stiel.

Stecke den Boden wie auf dem Foto gezeigt auf die Unterseite des Stiels. Am gleichmäßigsten wird es, wenn du den Filzkreis zunächst mit vier Nadeln viertelst.

Fädle Zwirn in eine Nähnadel und nähe den Boden mit Überwendlingsstichen an. Verknote anschließend die Fadenenden und schneide die Fäden ab.

Fülle die Babysocke zu drei Vierteln mit Reis. Das geht am besten zu zweit. Du kannst ein gerolltes A4-Blatt als Trichter benutzen.

Verschließe die Öffnung der Socke mit einem Knoten.

Schiebe die Socke in den Pilzstiel. Knete das Ganze ein wenig, damit sich der Reis gut verteilt.

Fülle den Rest des Stiels mit Füllwatte.

HUT

Stecke die blauen Filzpunkte auf der grünen Oberseite des Pilzhuts fest.

Nähe die Punkte vorsichtig dicht an den Kanten fest.

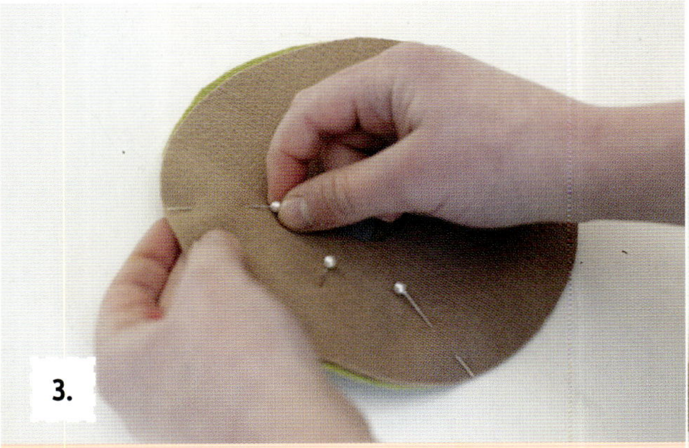

3.

Stecke Ober- und Unterseite des Pilzhuts rechts auf rechts zusammen.

4.

Nähe Ober- und Unterseite des Huts an der Außenkante rundherum füßchenbreit mit geradem Stich zusammen.

5.

Wende den Hut durch die runde Öffnung in der Mitte. Vorsicht, Filz dehnt sich stark!

6.

Fülle den Filzhut mit Füllwatte. Nimm immer nur eine kleine Menge auf einmal.

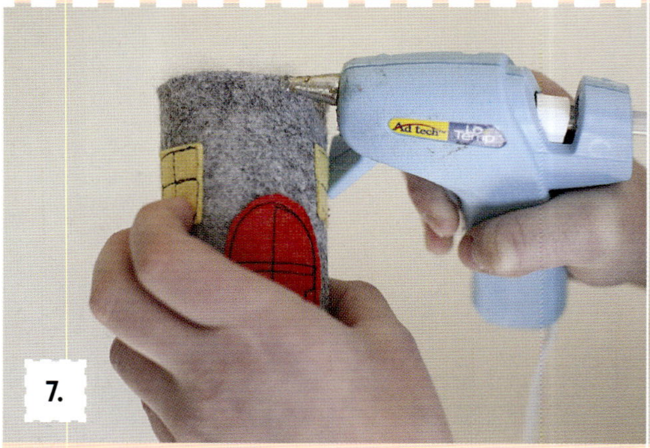

7.

Trage am oberen Rand des Pilzstiels rundherum Heißkleber auf.

8.

Schiebe den Stiel in das Loch auf der Hutunterseite und lass den Heißkleber trocknen.

BRAUCHT ZEIT

Hedwig und Kurt

Größe: ca. 9,5 cm x 23 cm

Du brauchst

Für einen Kurt oder eine Hedwig:

- verfilzten Wollstoff (siehe dazu Seite 26) oder Wollfilz für den Körper, 30 cm x 40 cm
- Filzreste in Grau und Hellblau für das Gesicht und die Füße
- Ärmel eines alten Wollpullis mit elastischem Rippenbündchen
- 2 Miniperlen in Schwarz, ø ca. 3 mm
- Pompon in Hellblau, ø ca. 3 cm
- 2 Knöpfe, ø ca. 2 cm
- Reis für die Füllung
- Babysocke
- Stoffmalstift in Hellrosa
- Zwirn in Schwarz und Weiß
- Nähmaschine
- Heißklebepistole
- Nähzubehör (Seite 12 und 14)

Techniken

- Schnittmuster verwenden (Seite 18)
- Vliesofix verarbeiten (Seite 19)
- Überwendlingsstich (Seite 20)
- Bügeln (Seite 22)
- Heißklebepistole verwenden (Seite 22)

Vorbereitung

Schnittmuster Seite 163, 164 und 171

1. Übertrage die Schnittmuster auf Seidenpapier und schneide sie aus.
2. Schneide zwei Körperteile aus gefilztem Wollstoff oder Wollfilz aus.
3. Schneide einen Kreis aus gefilztem Wollstoff oder Wollfilz für den Boden aus.
4. Schneide die Arme zweimal aus gefilztem Wollstoff oder Wollfilz aus.
5. Schneide die Füße zweimal aus gefilztem Wollstoff oder Wollfilz aus.
6. Schneide das Gesicht einmal aus grauem Filz aus.
7. Schneide zwei kleine Kreise aus hellblauem Filz für die Augen aus.

Hedwig und Kurt sind die besten Freunde. Gemeinsam streifen sie durch den Wald und suchen Kiefernzapfen. Der fleißige Kurt trägt sie nach Hause und die freche Hedwig … trägt die Verantwortung.

Und so geht's

GESICHT

Stecke das Gesicht entsprechend der Markierung im Schnittmuster auf das vordere Körperteil auf.

Nähe das Gesicht dicht an der Kante mit geradem Stich an.

TRICKKISTE

Wenn du einen Rest Vliesofix zur Hand hast, kannst du alle Teile vor dem Nähen damit aufbügeln (siehe Seite 19).

Stecke die Augen auf das Gesicht. Du kannst sie mit der Nähmaschine oder von Hand mit Überwendlingsstich annähen. Probiere aus, was besser klappt.

Nähe die Miniperlen als Pupillen von Hand mit schwarzem Zwirn auf die Augen. Je nachdem, wie du sie platzierst, ändert sich der Gesichtsausdruck.

Für den Mund nähst du mit schwarzem Garn einen langen Stich von Hand auf. Nähe einige Male hin und her, damit er etwas dicker wird.

Für die roten Wangen malst du mit Stoffmalstift zwei rosafarbene Kreise auf das Gesicht. Lass die Farbe gut trocknen und bügle die Stelle. Beachte die Herstelleranleitung.

KÖRPER

1.

Stecke das Vorder- und das Rückteil des Körpers mit den schönen Seiten aufeinander.

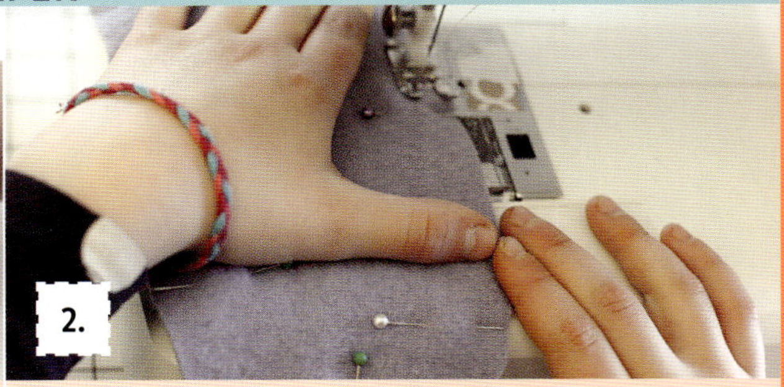

2.

Nähe Vorder- und Rückteil füßchenbreit zusammen. Lass die Unterseite offen. Sichere Anfang und Ende der Naht jeweils mit einigen Rückstichen.

3.

Fülle den Körper zu drei Vierteln mit Füllwatte. Nimm immer nur ein kleine Menge Watte auf einmal.

4.

Fülle die Babysocke mit Reis. Das geht am besten zu zweit. Du kannst ein gerolltes A4-Blatt als Trichter benutzen. Verschließe die Socke mit einem Knoten.

5.

Schiebe die Socke in den Körper. Knete sie ein wenig, damit sich der Reis gut verteilt.

6.

Stecke den Boden am unteren Rand des Körpers fest.

7.

Nähe den Boden mit Überwendlingsstichen an. Verknote die Fadenenden und schneide sie ab.

ARME

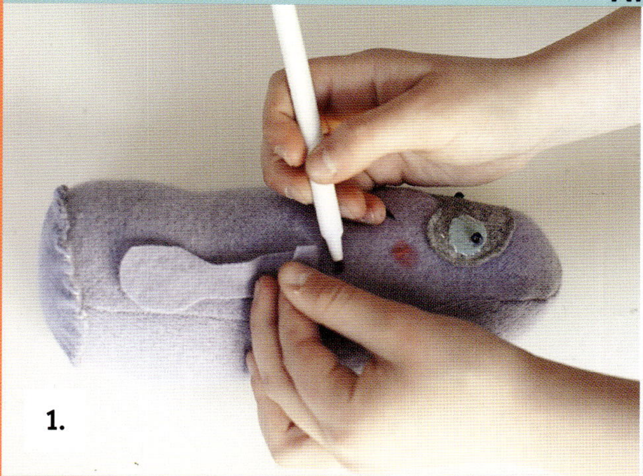

1.

Markiere die Stelle am Körper mit Trickmarker, wo die Arme angenäht werden sollen. Nimm das Schnittmuster zu Hilfe. Stecke die Arme entsprechend auf den Körper.

2.

Fädle Zwirn auf eine lange Nähnadel und stich an der Markierung durch den Arm und den Körper und an der Markierung auf der anderen Seite wieder durch Körper und Arm heraus. Lass beide Enden des Zwirns lang hängen. Stich die Nadel von unten durch ein Knopfloch, dann durch das andere wieder zurück und anschließend wieder zurück durch den Körper.

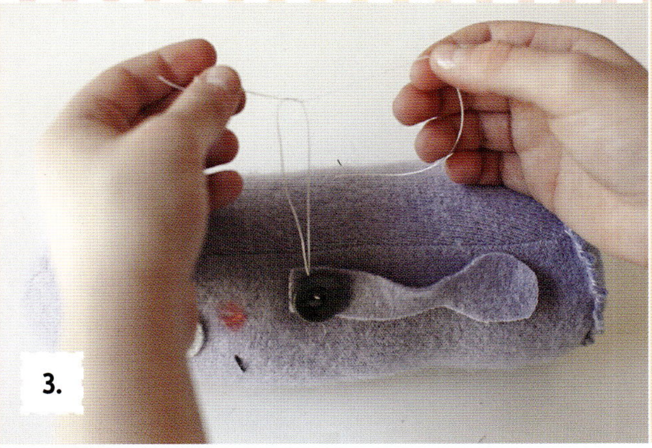

3.

Stich die Nadel von unten durch ein Loch des anderen Knopfs und durch das zweite Loch wieder zurück. Schiebe den Knopf dicht an den Körper und verknote die langen Enden des Zwirns doppelt unter dem Knopf.

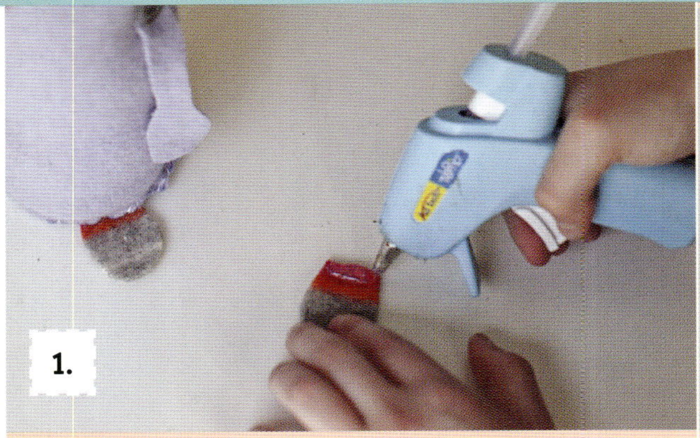

1\. Klebe die Füße an der Unterseite des Körpers mit Heißkleber an. Du kannst die Füße auch an den Kanten mit Überwendlingsstich von Hand annähen.

2\. Schneide für die Mütze den Wollpulliärmel ca. 10 cm über dem Rippenbündchen ab. Ziehe den Schlauch auf links. Zeichne mit Filzstift und Lineal eine diagonale Linie vom Bündchenende zur gegenüberliegenden Ecke an der Kante des Schlauchs.

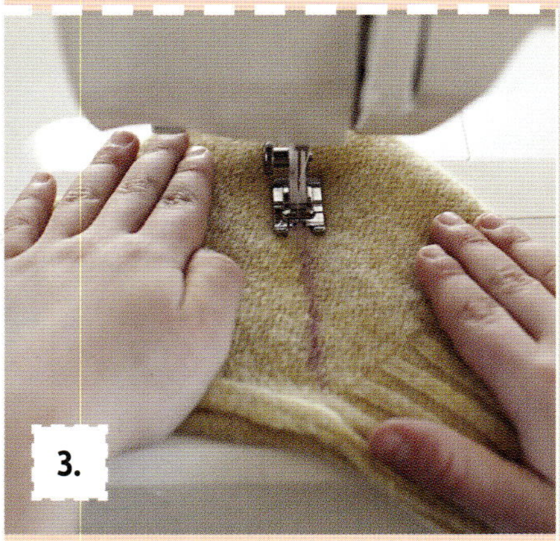

3\. Nähe entlang der markierten Linie. Schneide den überschüssigen Stoff 1 cm von der Naht entfernt ab und wende die Mütze.

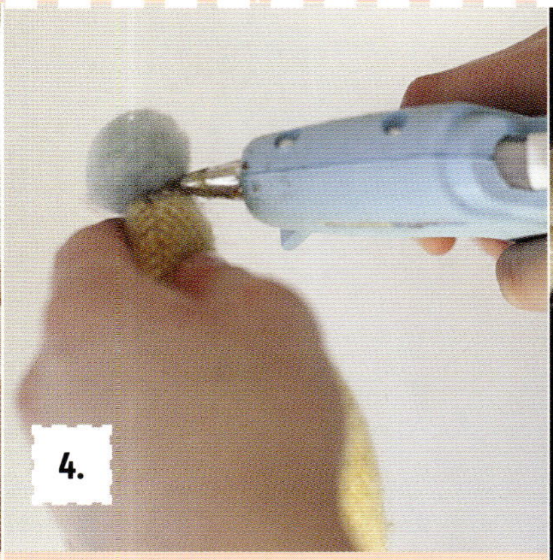

4\. Klebe den Pompon mit Heißkleber an der Spitze der Mütze an. Jetzt nur noch die Mütze aufsetzen!

Kurt braucht eine Freundin? Nähe ihm doch gleich noch eine Hedwig, dann sind sie zu zweit.

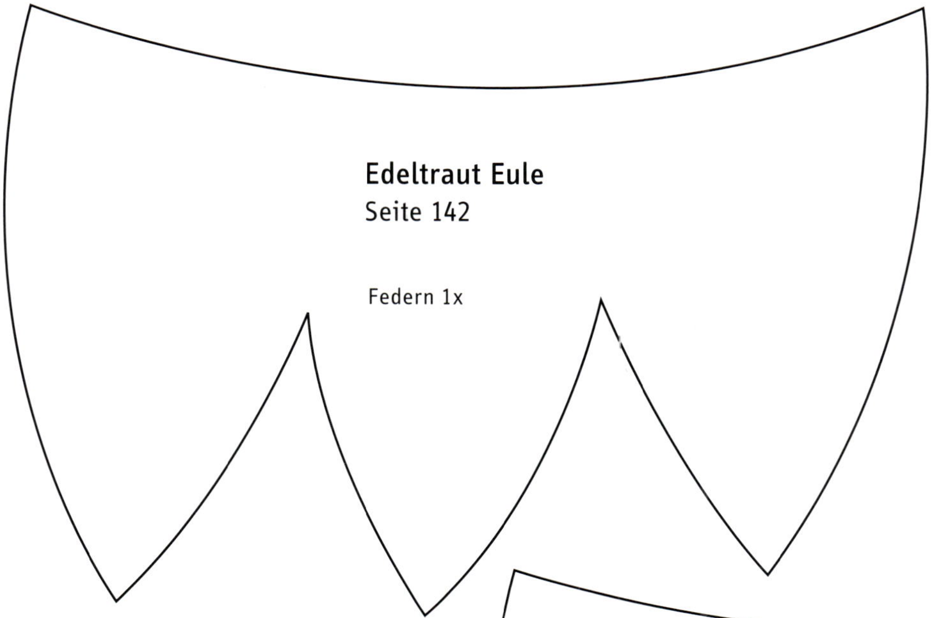
Edeltraut Eule
Seite 142
Federn 1x

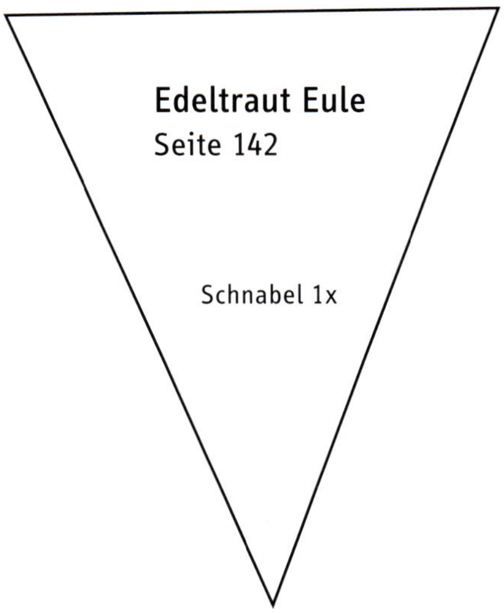
Edeltraut Eule
Seite 142
Schnabel 1x

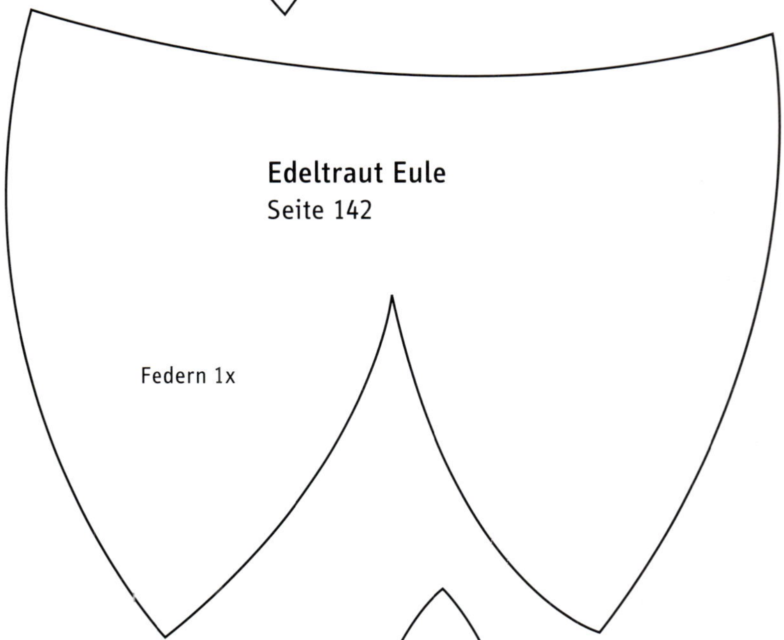
Edeltraut Eule
Seite 142
Federn 1x

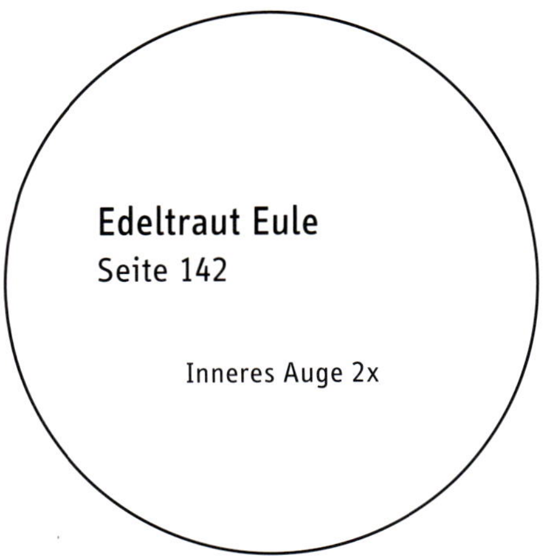
Edeltraut Eule
Seite 142
Inneres Auge 2x

Edeltraut Eule
Seite 142
Füße 2x

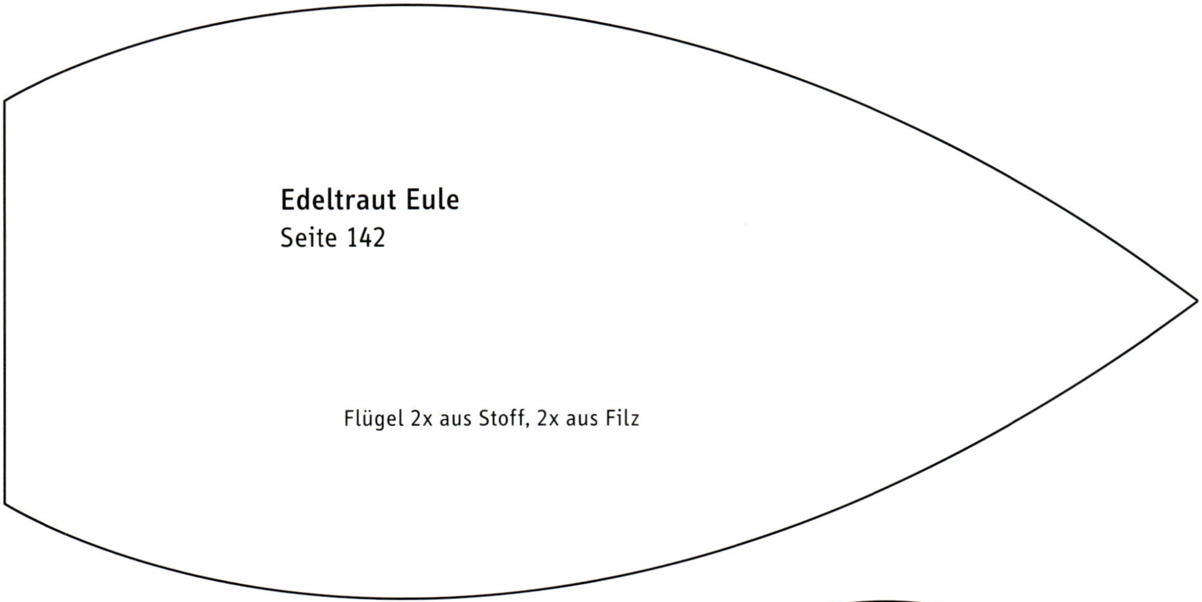
Edeltraut Eule
Seite 142
Flügel 2x aus Stoff, 2x aus Filz

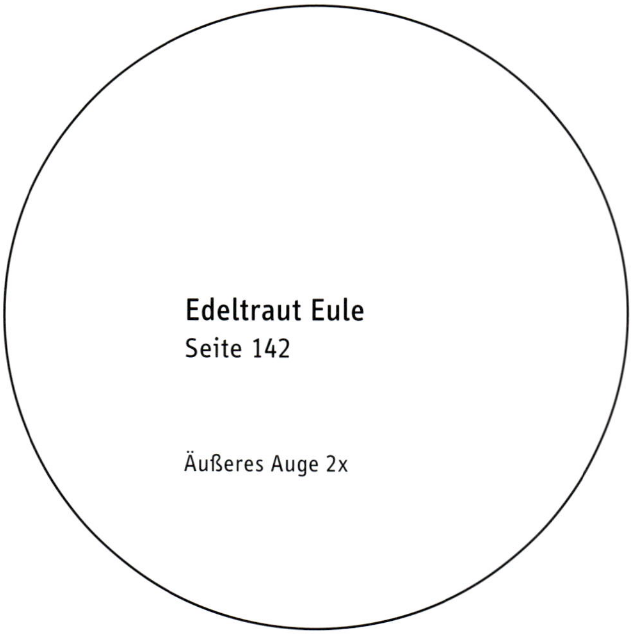
Edeltraut Eule
Seite 142
Äußeres Auge 2x

Edeltraut Eule
Seite 142

Unteres Körperteil 2x
Mit dem Kopierer auf 150% vergrößern
und an der gepunkteten Linie mit dem
oberen Körperteil zusammenkleben

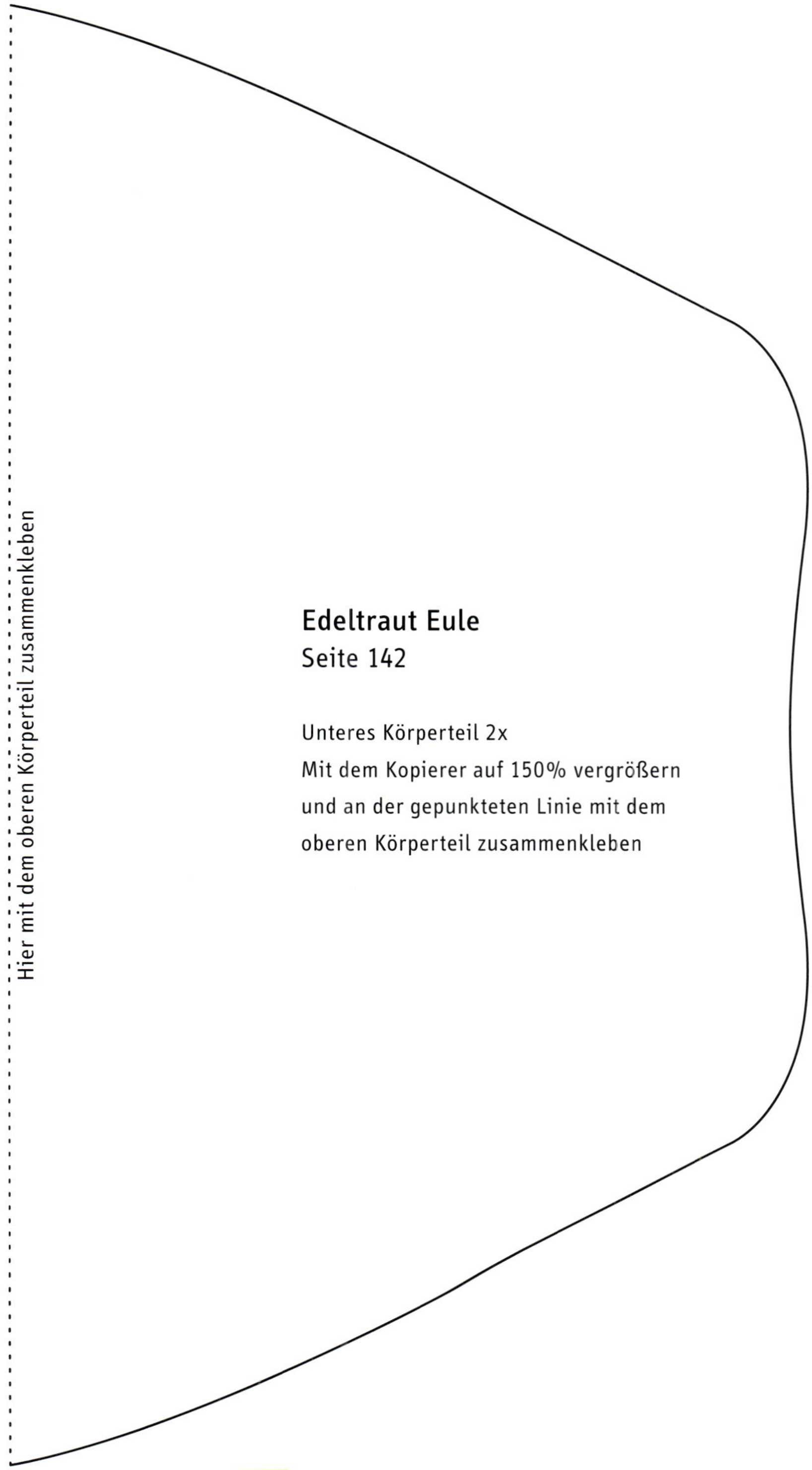

Edeltraut Eule
Seite 142

Oberes Körperteil 2x
Mit dem Kopierer auf 150% vergrößern
und an der gepunkteten Linie mit dem
unteren Körperteil zusammenkleben

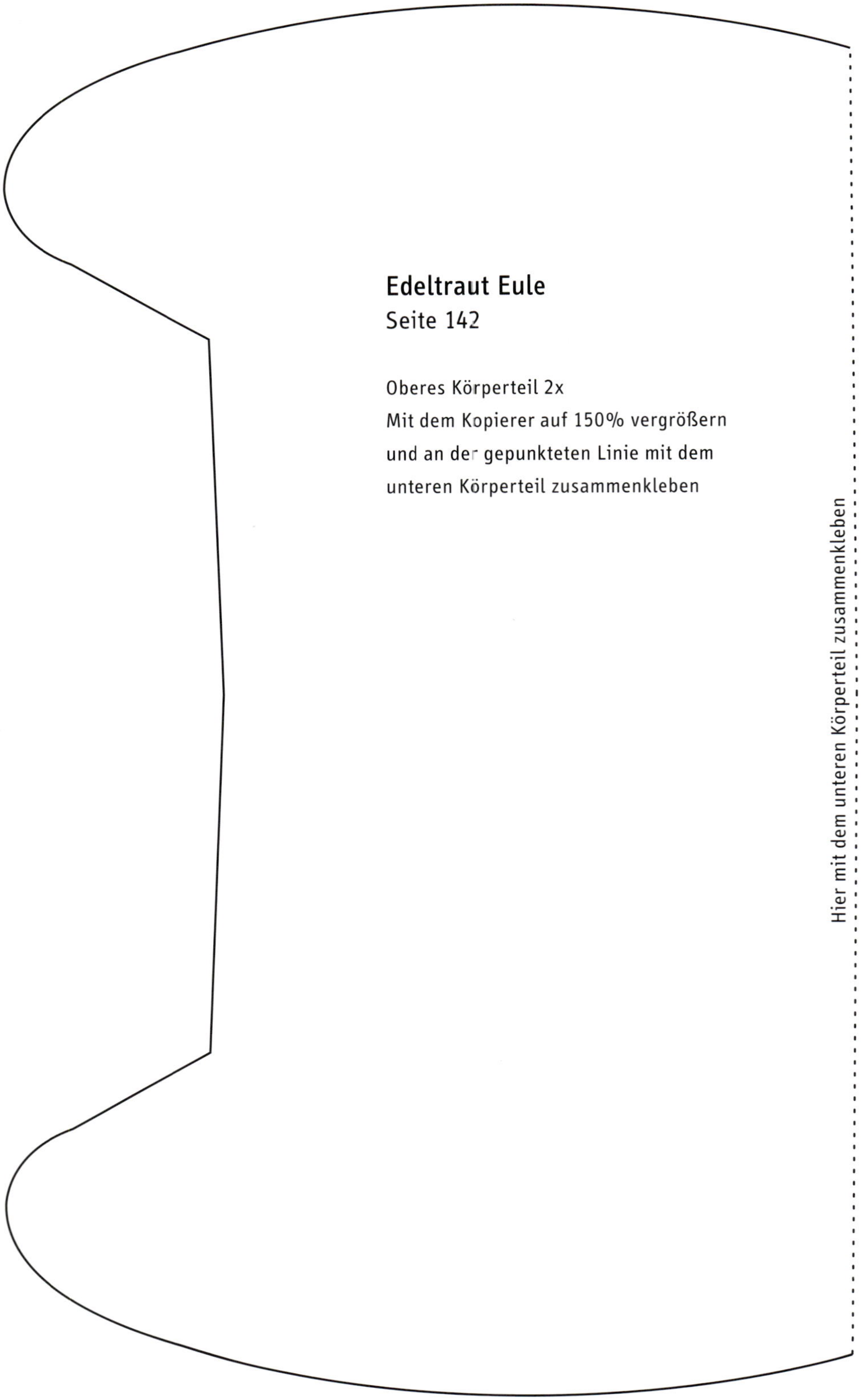

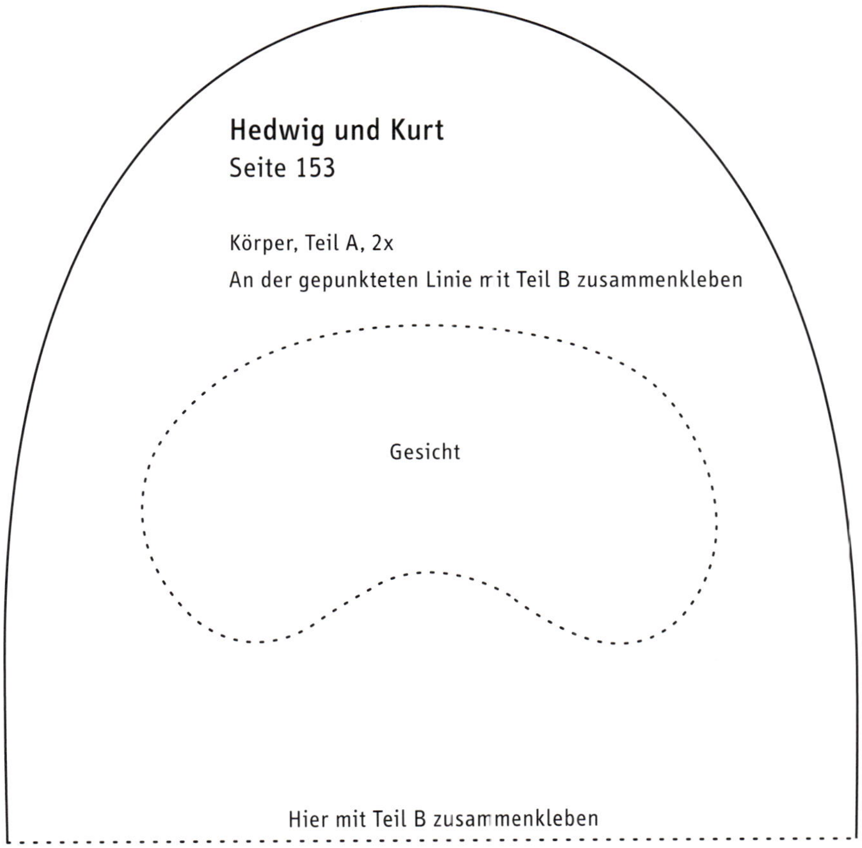
Hedwig und Kurt
Seite 153
Körper, Teil A, 2x
An der gepunkteten Linie mit Teil B zusammenkleben
Gesicht
Hier mit Teil B zusammenkleben

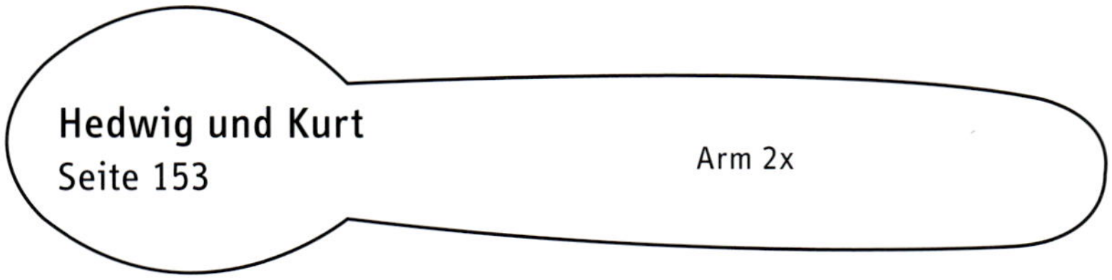

Hedwig und Kurt
Seite 153

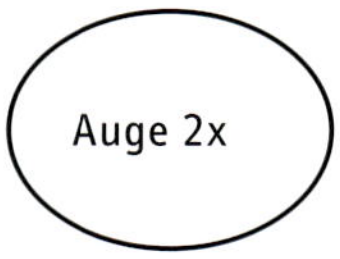

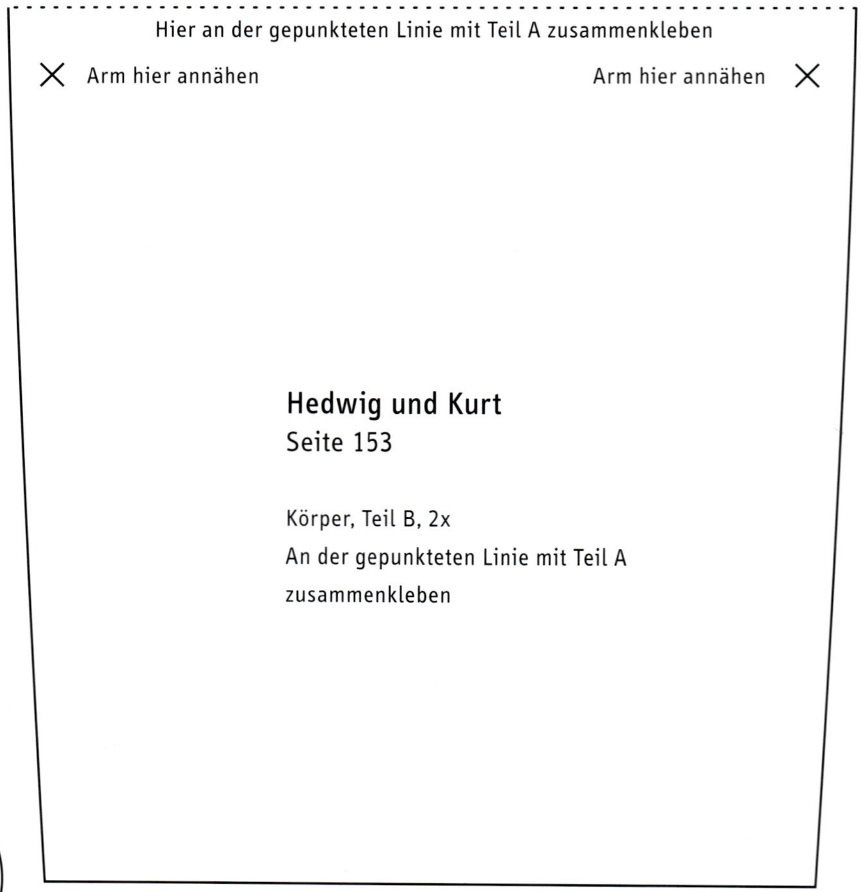

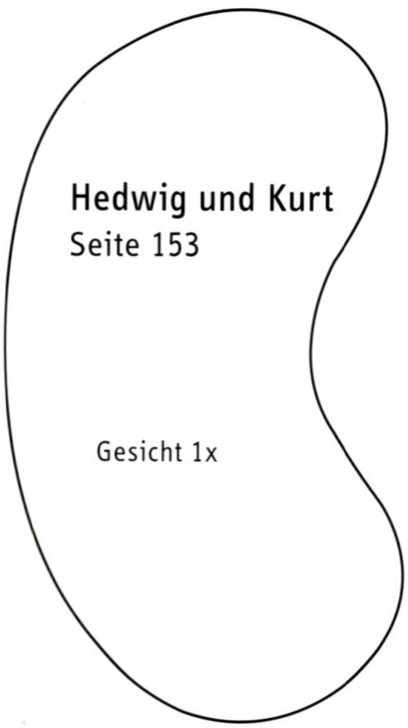

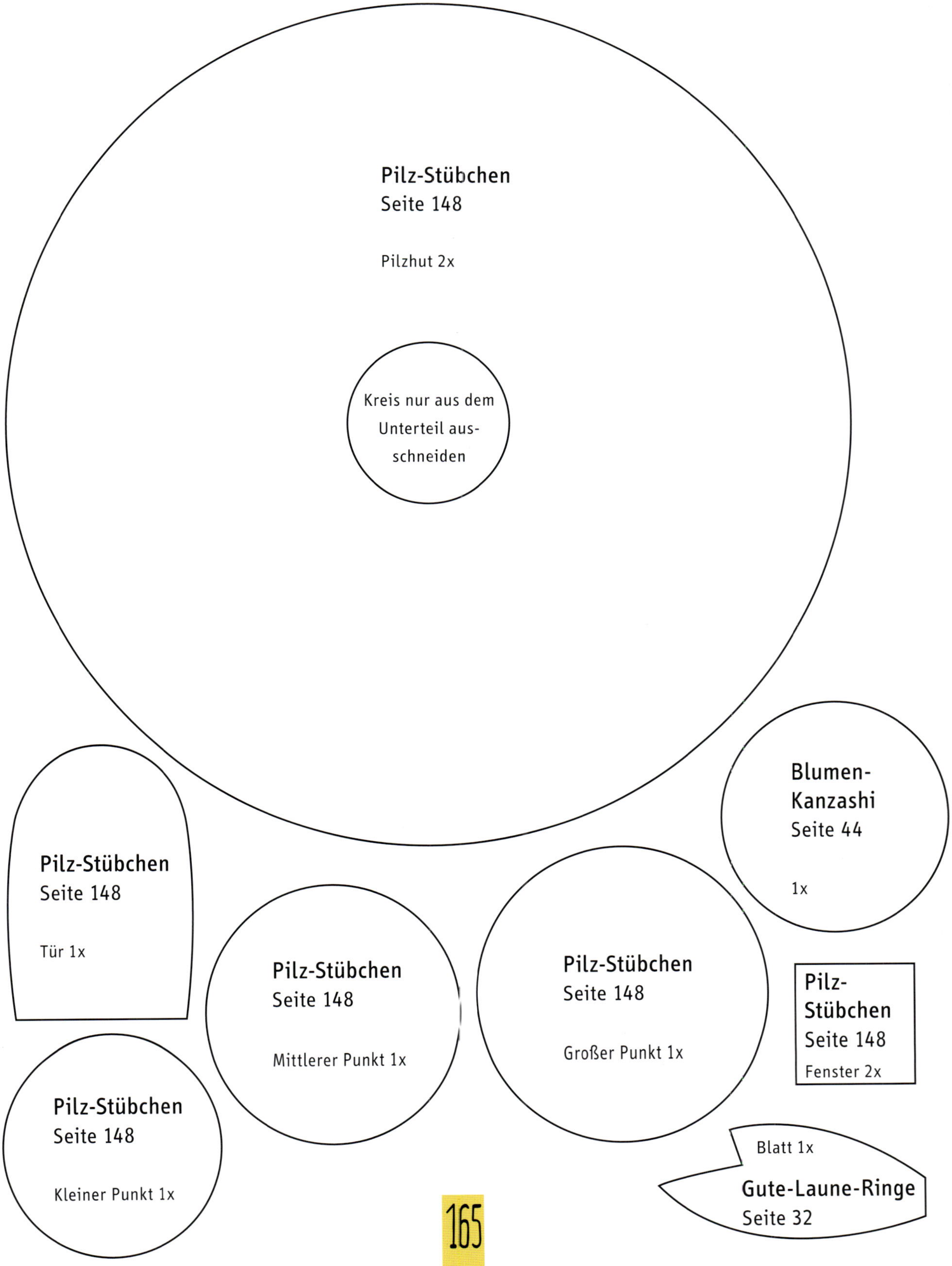
Pilz-Stübchen
Seite 148
Pilzhut 2x
Kreis nur aus dem Unterteil ausschneiden
Pilz-Stübchen
Seite 148
Tür 1x
Blumen-Kanzashi
Seite 44
1x
Pilz-Stübchen
Seite 148
Mittlerer Punkt 1x
Pilz-Stübchen
Seite 148
Großer Punkt 1x
Pilz-Stübchen
Seite 148
Fenster 2x
Pilz-Stübchen
Seite 148
Kleiner Punkt 1x
Blatt 1x
Gute-Laune-Ringe
Seite 32

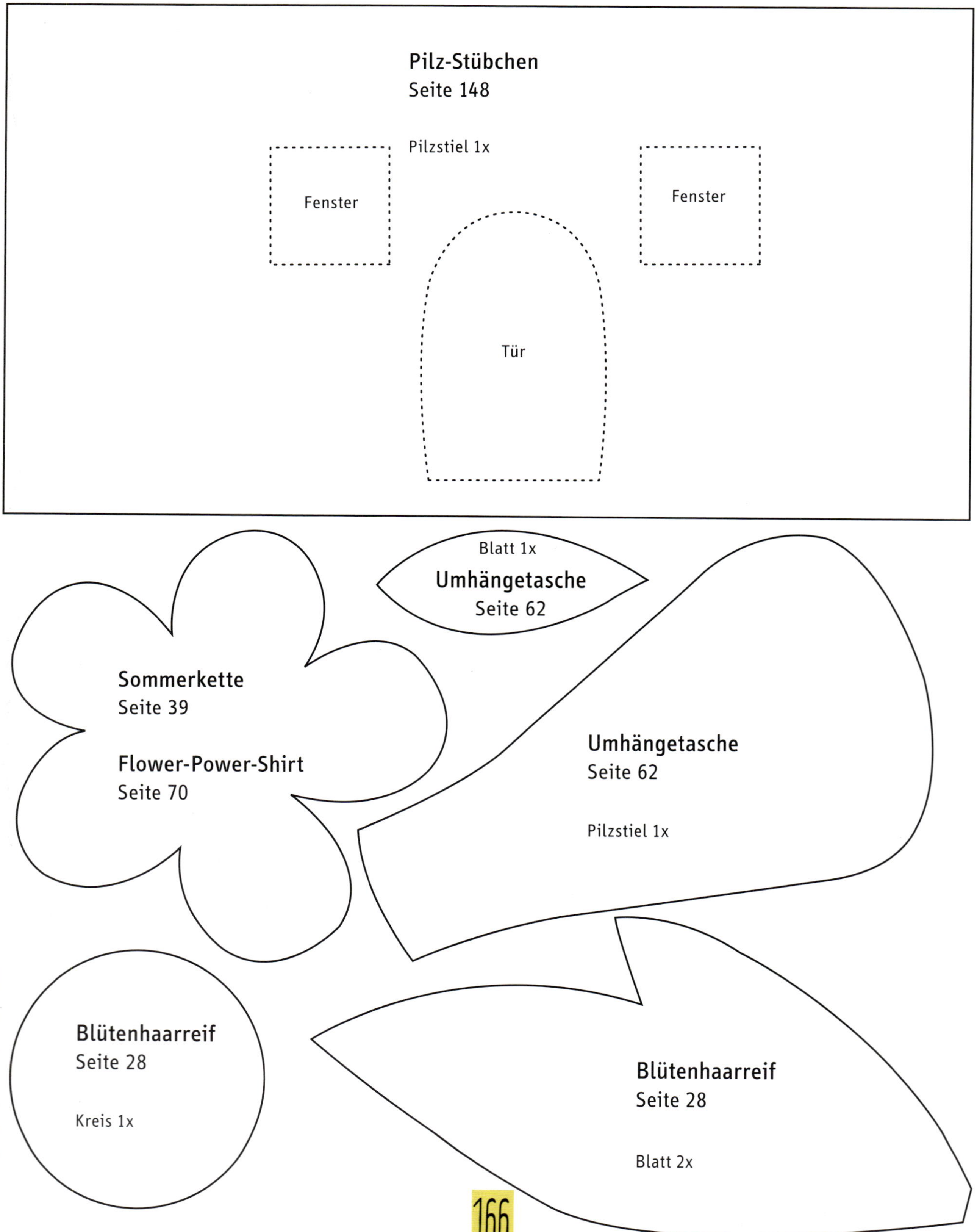
Pilz-Stübchen
Seite 148
Pilzstiel 1x
Fenster
Fenster
Tür
Blatt 1x
Umhängetasche
Seite 62
Sommerkette
Seite 39
Flower-Power-Shirt
Seite 70
Umhängetasche
Seite 62
Pilzstiel 1x
Blütenhaarreif
Seite 28
Kreis 1x
Blütenhaarreif
Seite 28
Blatt 2x

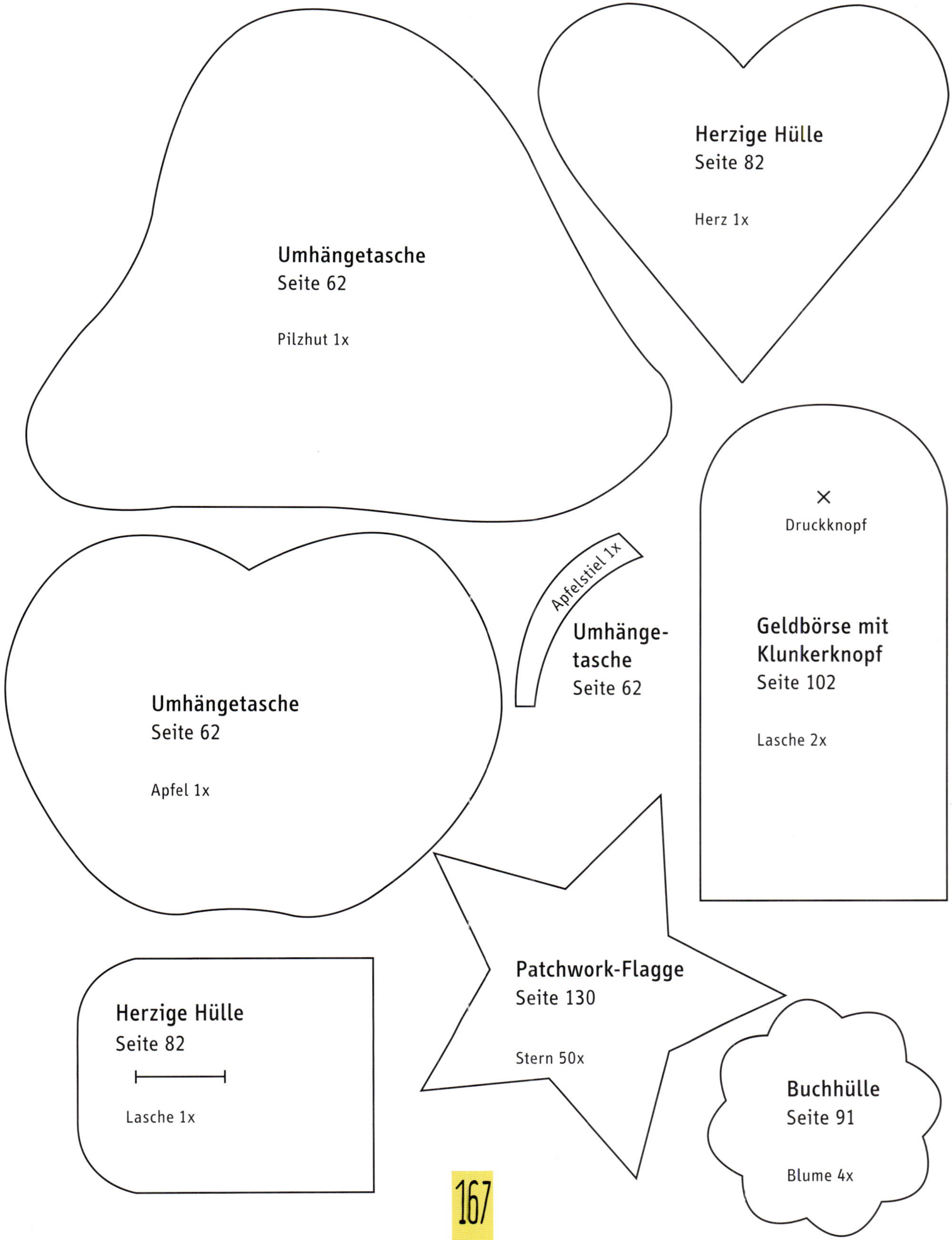
Umhängetasche
Seite 62
Pilzhut 1x
Herzige Hülle
Seite 82
Herz 1x
Druckknopf
Geldbörse mit Klunkerknopf
Seite 102
Lasche 2x
Apfelstiel 1x
Umhänge-tasche
Seite 62
Umhängetasche
Seite 62
Apfel 1x
Patchwork-Flagge
Seite 130
Stern 50x
Herzige Hülle
Seite 82
Lasche 1x
Buchhülle
Seite 91
Blume 4x

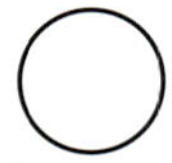

Gerahmte Leckerei
Seite 114
Kirsche für Cupcake und Pilzpunkt, je 1x

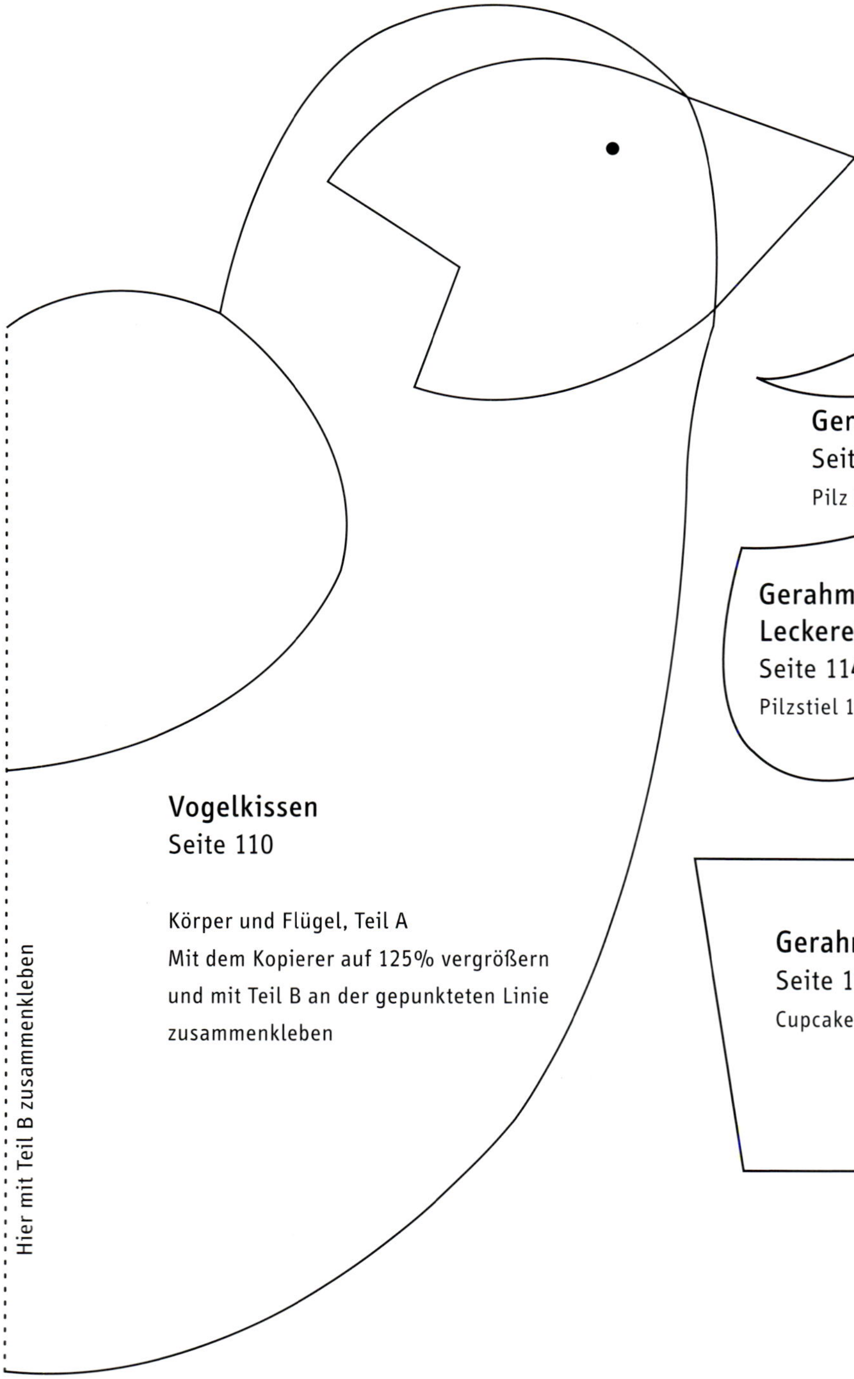

Gerahmte Leckerei
Seite 114
Pilz Boden 1x

Gerahmte Leckerei
Seite 114
Pilzstiel 1x

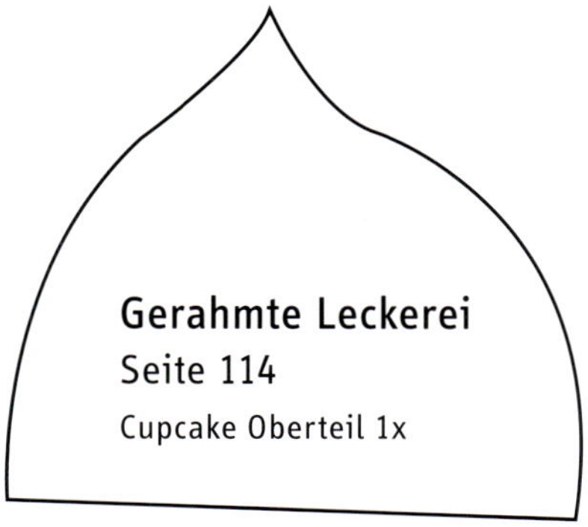
Gerahmte Leckerei
Seite 114
Cupcake Oberteil 1x

Gerahmte Leckerei
Seite 114
Pilzhut 1x

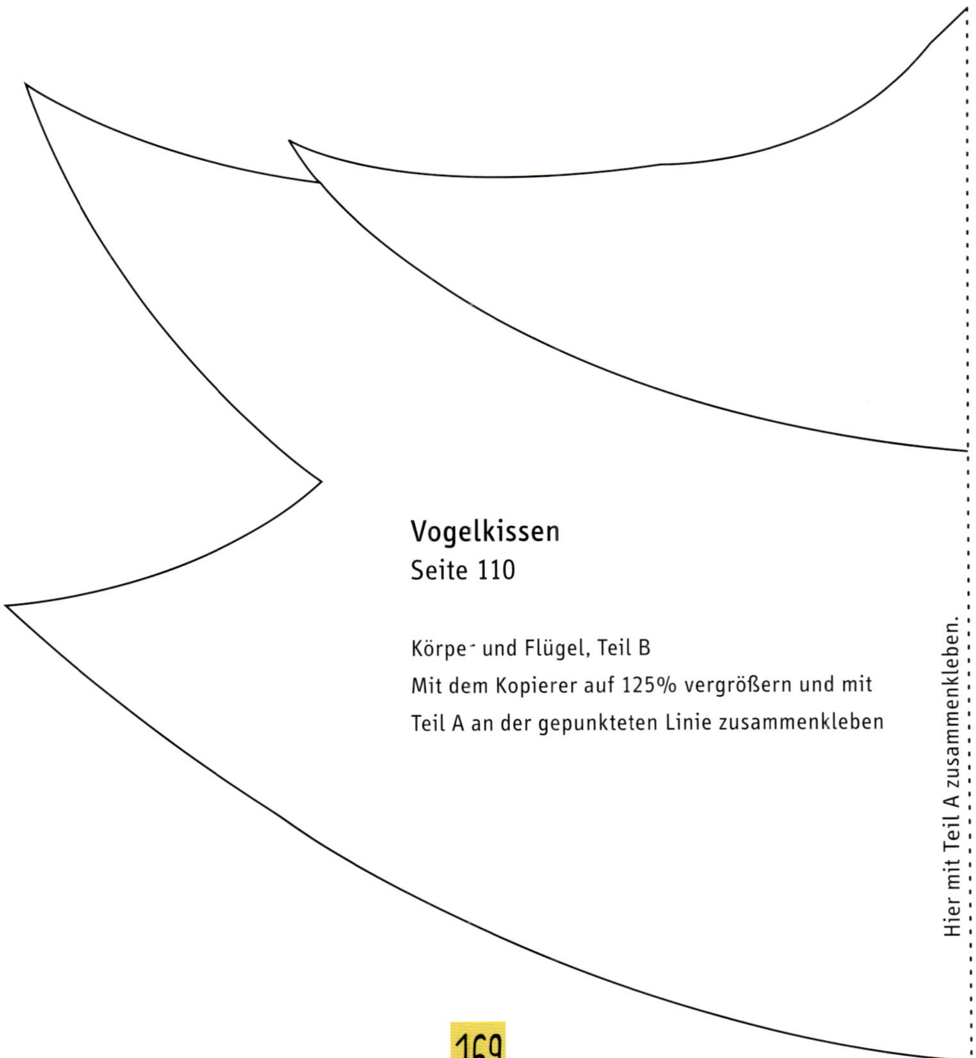
Vogelkissen
Seite 110
Körpe- und Flügel, Teil B
Mit dem Kopierer auf 125% vergrößern und mit
Teil A an der gepunkteten Linie zusammenkleben
Hier mit Teil A zusammenkleben.

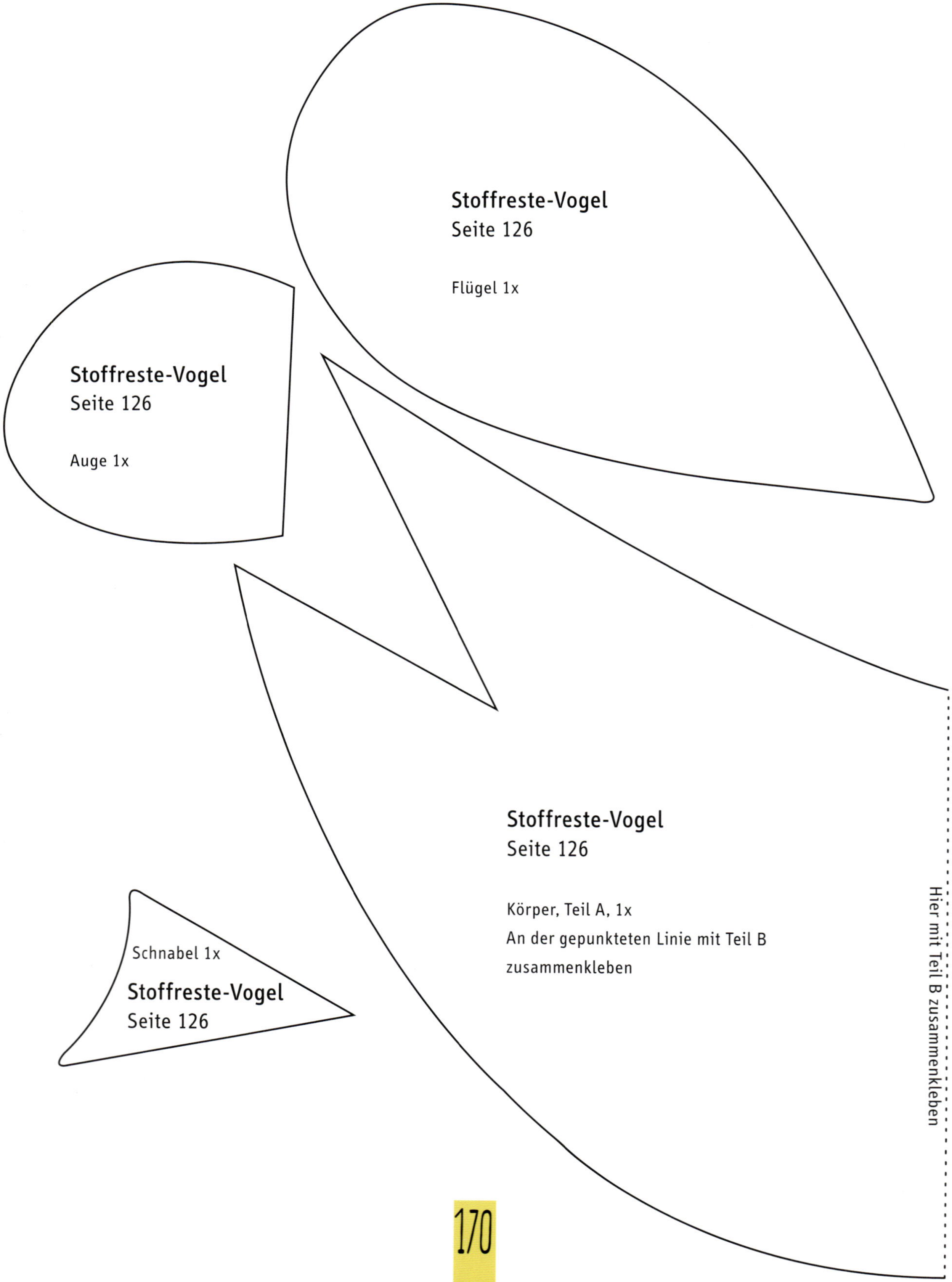
Stoffreste-Vogel
Seite 126
Flügel 1x
Stoffreste-Vogel
Seite 126
Auge 1x
Stoffreste-Vogel
Seite 126
Körper, Teil A, 1x
An der gepunkteten Linie mit Teil B zusammenkleben
Hier mit Teil B zusammenkleben
Schnabel 1x
Stoffreste-Vogel
Seite 126

Hier mit Teil A zusammenkleben
Stoffreste-Vogel
Seite 126
Körper, Teil B, 1x
An der gepunkteten Linie mit Teil A
zusammenkleben
Pilz-Stübchen
Seite 148
Boden 1x
Hedwig und Kurt
Seite 153
Boden 1x
Pilzpunkt 1x
Schicke
Umhängetasche
Seite 62
Umhängetasche
Seite 62
Pilzpunkt 1x
Umhängetasche
Seite 62
Pilzpunkt 1x
kleines
Dreieck 1x
Prachtvolle
Haarspange
Seite 55
großes
Dreieck 1x
Prachtvolle
Haarspange
Seite 55

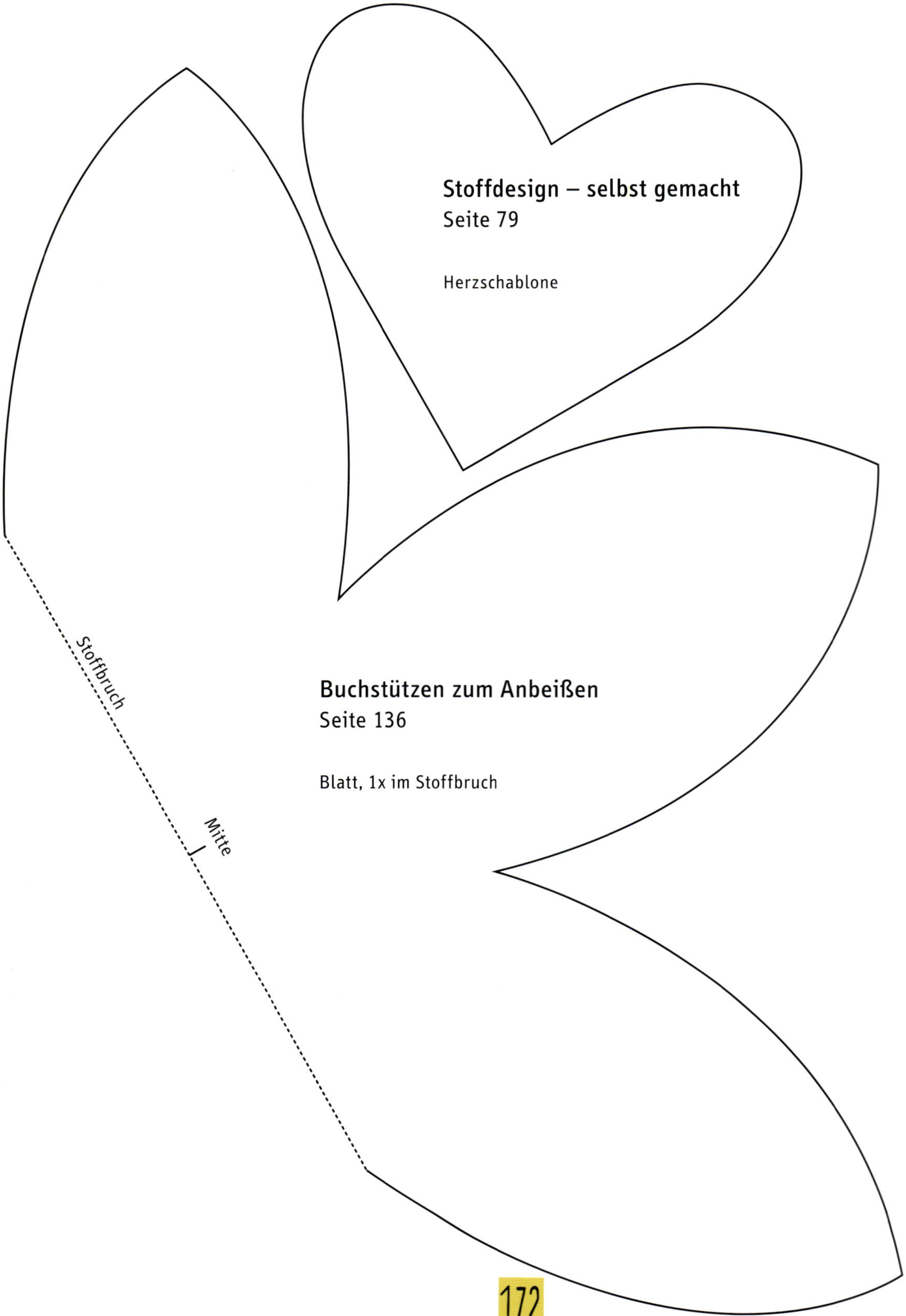

Stoffdesign – selbst gemacht
Seite 79

Herzschablone

Buchstützen zum Anbeißen
Seite 136

Blatt, 1x im Stoffbruch

Hier mit Teil A zusammenkleben
Buchstützen zum Anbeißen
Seite 136
Erdbeer-Teilstück, Teil B, 6x
An der gepunkteten Linie mit Teil A zusammenkleben
Buchstützen zum Anbeißen
Seite 136
Erdbeer-Teilstück, Teil A, 6x
An der gepunkteten Linie mit Teil B zusammenkleben
Hier mit Teil B zusammenkleben

Deine Lieblingsmodelle:

Hier kannst du dir Notizen zu deinen Lieblingsmodellen machen oder planen, welche Modelle du als Nächstes nähen möchtest.

Das Little Pincushion Studio

Als meine Tochter sieben Jahre alt war, nahm sie einen Stofffetzen und ein Stück Alufolie und kreierte daraus ein bezauberndes Outfit – mit alusilbernen Schuhen! Ich war begeistert, wie viel Lust sie darauf hatte, etwas aus Stoff zu machen. Also brachte ich ihr das Nähen bei.

Schon nach kurzer Zeit konnte sie allein die Nähmaschine bedienen und nähte alles Mögliche. Oft wurde mir ganz schwindlig beim Anblick der verrückten Musterkombinationen. Aber sie hatte Freude daran und war mächtig stolz auf ihre selbst genähten Werke.

Ich wiederum hatte Lust, auch anderen Kindern das Nähen beizubringen. So entstand mein Little Pincushion Studio, wo ich Mädchen das Nähen beibringe.

Besuche uns im Internet:
www.littlepincushionstudio.com

Stoffe kaufen

Stoffe kannst du bequem im Internet bestellen. Es macht aber auch viel Spaß, im Stoffgeschäft in deiner Stadt nach schönen Stoffen zu stöbern. Hier kannst du sie anfassen und siehst die Farben im Original. Außerdem haben die Fachverkäuferinnen immer einen guten Tipp auf Lager!